Gedichte,
veröffentlicht in ausgewählten Anthologien

und

Namenlos von meiner Insel,
42 Briefe

Lyrik

3. Auflage

Harald Birgfeld

Harald Birgfeld, geb. in Rostock, lebt seit 2001 in 79423 Heitersheim.
Von Hause aus Dipl.-Ingenieur, befasst er sich seit 1980 mit Lyrik. Im
Verlag **ars nova** erschien von ihm der Gedichtband, 295 S., "Auf
deiner Reise zum Rande im Rande des Randes der Sonne".
In 21 Anthologien ist er vertreten.
Harald Birgfeld schrieb seine Gedichte überwiegend während der
Fahrten in der Hamburger S-Bahn zur und von der Arbeit.

Aus einem Gutachten der an der Universität Freiburg tätigen
Literaturwissenschaftlerin, Gabriele Blod, 1986:
"Es lohnt sich, einmal einen heutigen Dichter kennen zu lernen, der mit
der deutschen Sprache einen faszinierend fremden Weg betritt und
trotzdem dem Leser Freiraum lässt für eigene Gedankengänge, ohne
dass die Probleme in erhobener Zeigefingermanier zu zeitkritischen
Trampelpfaden werden."

Buchumschlag, Bildausschnitt,
Harald Birgfeld

Herausgeber, Autor, Redakteur: Harald Birgfeld. e-mail:
Harald.Birgfeld@t-online.de
Im Internet unter : www.Harald-Birgfeld.de

Herstellung und Verlag:
BoD – Books on Demand, Norderstedt
ISBN 978-3-7322-4803-2

Gedichte,
veröffentlicht in ausgewählten
Anthologien

Inhaltsverzeichnis ....Seite

4

Namenlos von meiner Insel,
42 Briefe
Lyrik

Inhaltsverzeichnis ....Seite

5

6

Gedichte,
veröffentlicht in ausgewählten
Anthologien

Eigentlich war es ganz anders.

Immer wünschte ich mir jemanden,
Der mich verstehen konnte,
Und der Ansatz, dachte ich,
Sei gut.

Die Wahrheit aber war,
Dass schon der Ansatz
In die falsche Richtung zeigte.

Auf dem Bahnhof standen meine Doppelgänger
Überall herum.
Sie waren nackt wie ich
Und trugen auch darunter
Keine Kleidung.

Alle warteten
Auf meine Ankunft.

Die Landschaft war allein

Ich ging hinaus ans kleine Ufer dieser Nacht,
Und über mir, das dunkle Blech,
Millionenfach durchstochen,
Dass das Licht dahinter,
Niederblitzte,
Wölbte sich mir zu.
Die Landschaft war allein.

Von dir erfuhr ich nur,
Weil wir zur gleichen Zeit
Den Blick zum Großen Bären
Richten wollten.

Ich war bei mir im Lohn
Und zwang mir harte Arbeit ab.

In mir, vergaß ich zu erwähnen,
Mussten die Gefangnen in den Steinbruch gehn
Und durften über die Gefahren,
Über diesen Zwang,
Kein Sterbenswort erwähnen.

Wenn mich jemand nach mir fragte,
Und ich lügen musste,
Drang oft weißer Staub nach außen,
Blässe schoss in meine Wangen.

Trotzdem hielt ich die im Steinbruch
Abgeschnitten von der Welt
Und achtete darauf,
Dass sie kein Sterbenswort erfuhren.
Sie erfuhren nichts
Von einer andren Welt.

Ich wache auf
Und seh mich um:
Es ist erstaunlich.
Die Bedienungsplätze vor den anderen Geräten
Sind nicht mehr besetzt.
Ich sehe,
Dass sich die Geräte selbst bedienen.
Ein Verdacht kommt auf.

Ich seh mich an,
Ich denk an mich,
Ich denke, dass ich mich am besten
Durch mich überprüfen lassen werde.
Das hält an.

Ich werde eines Tages eine Antwort
Wissen.

Ich stand vor dem Marienbild,
Dem hatte man das Jesuskind
Herausgeschnitten,
Das lag auf dem Tisch
Und wurde operiert.
Die Ärzte waren zu beschäftigt,
Um mich zu bemerken,
Und ich selbst bemerkte nichts.

Mit meiner Hand griff ich,
Wie zum Beweis,
Ins Leinwandloch.,
Das überwachte ein geheimes Auge,
Und Alarm wär angesprungen
Hätte man mich nicht im letzten Augenblick
Zurück gerissen.
Ja, man schalt mit mir,
Ich sei voll Unvernunft,
Dass ich in eine offne Wunde
Hatte greifen wollen.

So geschehen
Außerhalb von mir:
Wo ich das Gras vermutete,
Wo früher Halme wuchsen,
Schoss jetzt Draht aus Eisen
Und Gestänge aus der Erde.
Es war Wachstum,
Das sich frei verbreitete.

Von drüben kamen Fressmaschinen,
Die auf dieser Weide grasten,
Üppig war das Angebot.

Ich steh der Flucht entgegen,
Den Maschinen gegenüber,
Meine Fingerspitzen
Zeigen leichten Rost,
Vielleicht nur Flugrost.

Wir gerieten in den Gürtel der Meteoriten, *10.000 Aufschläge*
Aufschlag 7101

Drüben sollte ich mich an der
Pforte melden und mit einem
Messingreifen klopfen,
Und ich sah genau, dass hinter dieser
Pforte, die ein
Rahmen hielt, sich weiter nichts befand,
Es stand dort kein Gebäude,
Und es war kein Mensch zu sehen,
Und man sagte mir, dies wäre eine
Sache des Vertrauens,
Und ich ging und klopfte an.
Es war natürlich ganz umsonst,
Und auf der andren
Seite fühlte sich nicht einer
Angesprochen.

Hinterglasgemälde

Draußen stand in einer Fensterhöhe,
Oberhalb des letzten Häusergipfels,
Außerhalb davon in einer grauen Wand aus Nebel,
Leichtem Regen, Schnee,
Ein Möwenvogel.

Seine braunen Flügelränder schnitten
In der kurzen Zeit des Augenaufschlags
Eine Schrift, ein Zeichen,
Fast ein wenig Wiedersehensfreude in die Luft,
Den Fetzen von Erinnerung vielleicht,
Das Staunen, noch in dieser Höhe auf Lebendigkeit
Zu stoßen.
Ich, in meinem einen Fenster, eines
Tausendfensterfelsens,
Wusste nicht, dass die Gemälde hinter Glas nur in
Gefangenschaft entstehen.

In einem deutschen Atelier

Im ganzen Haus ist alles still.
Der Künstler sitzt in seinem Atelier
Und blickt auf das Modell
In einer Ruhe, die nicht ruhig werden will,
Und seine Augen geistern über es hinweg
Und nehmen hier den Arm,
Ein Stück vom Leib beiseite,
Legen ihre Beine fort
Und schieben sie ihr auf den Rücken.
Gut, dass sie nichts sieht von dem,
Was er sich denkt, denkt sie,
Sie fände sich nicht wieder.

Ihre Haare fallen weich und lang,
Das ist ein Anfang, wie er ihn sich wünscht,
Und diesmal will er alles mit dem dritten Auge sehn,
Das, hat er ihr erklärt, sitzt hinter seiner Stirn
Und reagiert auf Wärme.
Rot wird er sie malen, rot in allen Tönen,
Rot in allen Farben,
Und die Leinwand steht
Als Halteschild dazwischen.

Nun, so will er es, soll sie sich auf den Körper malen lassen,
Und sie lässt es zu und lebt ja auch mit ihm,
Und aus dem Fenster ruft er
In die menschenleere Straße seine neue Welt,
Und alle lädt er ein zu sich,
Danach verlangt er Wein,
Sie lebt schon lange so mit ihm zusammen
Und reicht ihm ein Glas
Und denkt an das Vorher,
Das wird nachher zum Jetzt,
Das muss sie sich bewahren.

Meinem Wärter hing ich an,
Der lebte in dem Räderwerk
Und war mir unbekannt.
Er wusste davon nichts
Und wachte über mir
Und über mich.

"Ihm," sang ich laut,
"Sei Lob und Dank.
Ein guter Wärter ist ein Schutzpatron.
Ihm werde ich die Füße,
Nein, die Sohlen seiner Füße küssen."

Jeder hörte, dass ich ehrlich war.

In meinem Falle
Tauschte man sofort den Wärter aus
Und tuschelte:
"Die stärkste Liebe
Stirbt an Trennung."

Dann wurde ich bestraft.
Man schenkte mir zur Strafe
Eine Reise an ein Meer.

Das Meer war selbstverständlich
Ohne Wasser,
Und statt Palmen an der Küste
Standen eng an eng,
Als Gitterstäbe an dem Rand,
Versteinerungen, alles Menschen,
Die sich trotzdem immer noch
Bewegen konnten.

Aber, welch ein Leben führten sie.
Sie waren völlig mit sich selbst beschäftigt,
Und sie ließen mich nicht durch
Durch sich.

Heute Morgen lag
Mein Schatten vor der Tür
Und wollte heim,
Zurück zu mir.

Ich hatte ihn bis dahin
Nicht einmal vermisst.

Mein schönstes Delfingedicht

„Ich bin Delfin
Und schwimm im Meer
Dahin."

Das ist ein Kinderreim, den hat sich
Mama für mich ausgedacht,
Sie hat mir auch noch beigebracht,
Dass ich ein wenig anders bin als andere.

Ich habe eine Nylonschnur um meinen
Hals, die hatten wir zu Anfang nicht beachtet,
Doch sie wird mich langsam würgen,
Und sie hindert mich schon jetzt
Zu schwimmen und zu springen
Wie die anderen, und ganz zuletzt
Werd ich, obwohl ich doch
Ein Kind des Wassers bin,
An ihr in meinem Meer,
Ertrinken.

Namenlos von meiner Insel, 42 Briefe,
Lyrik

Namenlos von meiner Insel, 1. Brief
Gefangennahme,

Alles ging sehr schnell.
In einem nahen, fernen Ausland, wo ein
Menschenleben rasch verblühte,
Nahm man mich gefangen.
Einer Schuld war ich mir nicht bewusst,
Ich wurde nicht befragt,
Und ich gestand.
Man fällte noch in meiner Gegenwart das
Urteil:
Tod durch Erhängen,
Und dann, als ein Kader Zweifel hatte,
Wegen einer Sprachverwirrung:
Lebenslängliche Verbannung.

Meinen Namen hatte man mir aberkannt
Und schickte mich auf eine
Dieser kleinen Inseln tief im Süden, ohne
Anschluss an die Welt.
Ich durfte unter wenig Menschen leben.
Man versicherte, mit keinem über meine
Schuld zu reden.

Einmal jährlich darf ich einen Text
Verfassen, der erscheint, wie dieser,
Irgendwo und ohne meinen Namen.

Jetzt, mit dieser kleinen Freiheit,
Wende ich mich an die Präfektur,
An jede Obrigkeit,
Und frage nach:
Warum, weshalb, aus welchem Grund
Hat man mir Solches angetan.
Es geht mir wirklich gut auf meiner Insel
Und ich klage nicht
Und spreche schon mit einer Frau,

Die mich versorgt,
Und sicher bin ich schuldig,
Aber ich erfahre nichts
Und bitte die, die über mich Gericht gehalten haben,
Zu verzeihen:
„Geben Sie mir meinen Namen
Wieder."

Namenlos von meiner Insel, 2. Brief
Auf dem Reaktor-U-Boot,

Es war ein böser Trick,
Dass man mich von der Insel
Einen Brief verfassen ließ,
Man wollte Namen hören
Und dass ich die Obrigkeit beschuldigte,
War dumm von mir.
Da gab es kein Verzeihen.
Man verbot mir jede Körperpflege
Und verschleppte mich auf ein
Reaktor- U-Boot,
Das mit reichen Passagieren
Bis in größte Tiefen tauchte.

Wochenlang muss ich
In dem Maschinenraum gewesen sein,
Und Namen, die man hören wollte,
Gab ich zu.
Ich musste mich mit einer
Lederpeitsche selber schlagen
Bis das Blut austrat.
Dann schickte man mich wieder heim
Auf meine Insel,
So, als wär nichts gewesen.

Bei der Frau, die mich versorgte,
Fand ich fast wie selbstverständlich
Schreibzeug und Papier.
Sie zeigte mir den hohlen Stein
In einer Mauer eines Hauses.

16

Dort versteckte ich den neuen Brief,
Den schrieb ich gleich nach meiner Rückkehr,
Der war schon am andren
Tag in einer großen Zeitung
Nachzulesen.
Das bewies sie mir in einer
Sendung, die sie täglich sah.

Namenlos von meiner Insel, *3. Brief*
Schmerzhaft Sehnsucht,

Ich war so maßlos traurig
Und so voller Hoffnungslosigkeit.
Ich durfte meinen Namen
Nicht benennen,
Und ich wurde nicht danach gefragt.

Am Tisch fand ich die
Frau, die mich versorgte.
Mit ihr saßen dort vier Männer,
Die sich friedlich zeigten,
Bei der Mahlzeit.
Denen teilte sie sich auf,
Sie waren Brüder.

Mit dem Winken ihrer Hand
Bat sie mich hin zu sich
An ihre rechte Seite, wo noch Platz war,
Auf die Bank.

Die Männer schauten unbeschwert auf mich,
Und einer gab mir seine Hand.
Sie aber beugte meinen Nacken
Tief in ihren Schoß.
Ich drehte mein Gesicht zu ihr
Und sah sie von dort unten an.

Sie öffnete ihr Kleid
Und beugte sich leicht über mich.
Sie gab mir ihre Brust.

Ich hatte schmerzhaft Sehnsucht
Nach ein wenig Weiblichkeit,
Die stillte sie auf diese Weise.
Wunderbar durchströmte mich,
Was sie mir tat,
Und warme Dankbarkeit
Stieg in mir auf.

Die Männer nahmen das Geschehen
Wahr und ließen es gelassen zu.

Mein dritter Brief, in dem ich
Dieses alles schreiben würde,
Lag nur wenig später fertig
Auf dem Tisch,
Und einer ihrer Männer nahm
Ihn mit.

Namenlos von meiner Insel, 4. *Brief*
   Namenlosigkeit,

Vielleicht ist dies das letzte,
Was von mir nach außen dringt.
Man holte mich zurück
Von meiner Insel,
Denn die Richter über mich
Verfügten, dass der erste Spruch
Doch gültig sei:
Tod durch Erhängen.
Die Vollstreckung wurde aber
Ausgesetzt.
Begründung gab es keine.

Eine Frau vom Komitee nahm mich
Beiseite,
Und sie sagte mir, ich sollte
Alles nicht persönlich nehmen,
Weil ich durch den ersten Richterspruch
Zur Namenlosigkeit
Doch keinerlei Persönlichkeit mehr hätte.

Dies wär auch der eigentliche Grund
Warum das Urteil nicht
Vollzogen werden könnte.
All die andren hätten das ganz schnell
Verstanden und auch richtig
Darauf reagiert.
Ich könnte, wenn ich wollte
Heim auf meine Insel
Oder würde namenloses Opfer meines eignen
Handelns werden.

Auf dem Tisch, an dem ich mich
Entscheiden sollte, lagen
Bleistift und Papier.
Ich schrieb den vierten Brief.
Man wartete nun meine Zeilen ab,
Die wollte aber niemand lesen,
Steckte meinen Brief in einen Umschlag
Adressierte ihn und übergab ihn
Einem seriösen Boten
Zur Beförderung an eine große
Zeitung.

Mich verbrachte man erneut auf
Meine Insel.

Namenlos von meiner Insel, 5. Brief
   Drei junge Frauen,

Angekommen auf der Insel
Brachte man mich in ein neues Haus.
Das Haus war ein Geschenk für mich.
Es hatte keinen Namen an der Tür.
Die Frau, die mich versorgte
Fragte mich nach meinem Alter,
Und ich wagte keine Antwort,
Ihretwegen.
Die vier Männer, denen sie sich teilte, waren nicht dabei.

Am andren Tag bekamen wir Besuch von
Fremden in Begleitung,
Die befragten mich in ihrer Sprache.
Wenig später holte man mich wieder ab
Und brachte mich erneut
Auf das Reaktor- U-Boot
Und behandelte mich besser als die Luxuspassagiere.
Der Maschinenraum, in dem ich früher
An den Dampfturbinen Arbeit machte,
Blieb für mich verschlossen.

Dann gab man mir gute Kleidung,
Legte Wert auf Sauberkeit,
Und abends war ich mit drei jungen Frauen
Gast bei einem Mann, der über allem stand.
Die Frauen hielten Einigkeit und
Nacheinander, jeweils für drei Abende,
War ich auch Gast in ihren abgedunkelten Kabinen.
Jede zeigte Leuchten in den Augen
Mit verheißungsvollen Blicken,
Und ich blieb die Nächte.
Jede Frau erzählte mir dabei von einem Schicksal,
Das sie hatte, dass sie sich von mir
Ein Liebesglück versprach,
Das sie, ich wüsste schon warum,
Sonst niemals haben könnte,
Und sie wollte nur ein Kind von mir.
Ich wäre namenlos und hätte doch nichts
Zu verlieren.

Ich gab alles zu
Und übersah nicht die Gebrechlichkeit
Der amputierten Leiber unter mir.

Man brachte mich nach dieser Zeit
Zurück auf meine Insel, zu der Frau,
Die mich versorgte,
Und sie schwor, dass auf der Insel
Nie ein neues Haus gestanden hätte.

Bis hier schrieb ich meinen fünften Brief

Und ließ ihn einfach liegen.
Der war, wie von mir erwartet
Schon am nächsten Morgen fort.

Namenlos von meiner Insel, _6. Brief_
Schwere Blütendolden,

Die Frau, die mich versorgte,
War sehr lieb zu mir.
Ich glaube nicht, dass sie mich einfach
Liebte, es war viel, viel mehr.
Ihr Blick verriet mir, dass sie sich
Geborgen bei mir fühlte,
Dass sie meine Nähe suchte.

Eines Tages schaute sie mich an
Und bat mich, sie ins Inselland
Zu führen.
Ich war überglücklich,
Und es war die Sehnsucht nach dem
Schönen, die mich leitete.
Ich traute ihr und legte ihren Arm
In meinen.
Sie bedankte sich mit einem
Mädchenhaften Blick zu mir,
Doch den verstand ich nicht.

Sie schlug mir einen Kurzweg vor
Und führte uns in einen Garten voller
Unbekannter Blumen.
Schwere Blütendolden streiften unsre
Arme, strichen über die Gesichter
Als ein leiser Hauch
Von zartester Berührung.
Deren Leichtigkeit und warmer Duft
Verführten uns, dass wir uns an den
Händen halten wollten.

Sie stand plötzlich still
Und schloss, mir zugewandt, die Augen.

Als in einer leeren Kirche standen wir
In feierlicher Ruhe,
Und ich gab ihr einen Kuss
Und wusste nicht mehr,
Dass sie sich vier Männern teilte.

Diesen sechsten Brief schrieb ich nicht auf.
Er hing trotzdem bei meiner Rückkehr
An der Innenwand der Tür zu meinem Raum
Und wurde auch nicht abgeholt
Wie all die anderen.

Die Frau, die mich versorgte
Spielte nebenan auf einer
Okarina ihre Melodien.

Namenlos von meiner Insel, 7. Brief
Kunst im Raum

Am andren Morgen wurde ich in aller Frühe wach.
Ich hörte Männerstimmen
Und die Stimme einer Frau.
Man drang in meine Wohnung
Und erteilte mir Befehle in der fremden Sprache.
Ich gehorchte, und mit etwas
Kleidung führte man mich ab ins Freie.

Draußen kam die Frau, die mich versorgte,
Ebenfalls aus ihrer Wohnung,
Und sie sah mich an und sah durch mich hindurch.
Gelangweilt biss sie ab von einer Frucht in ihrer Hand.
Ich eilte auf sie zu und wollte etwas sagen,
Aber sie blieb fremd und schaute in die Leere.
Gestern hatte ich sie noch geküsst.
Nun lag in ihren Augen Abgewandtheit,
Die mir jedes Wort im Hals erstickte.
An der Mauer stand ein Reisigbesen.
Den sie nahm, damit den Weg zu fegen,
Doch dann stützte sie sich darauf ab
Mit einem neuen Blick auf unsere Gruppe,

So als sähe sie zum ersten Mal ein Kunstwerk,
Über das sie staunte.
Ohne sich zu rühren wurde sie auf diese Weise
Selbst zur Kunst im Werk, im Raum.
Und ich, zur Namenlosigkeit verurteilt und zu
Lebenslänglicher Verbannung,
Konnte nur noch demutsvoll verharren.

Wenig später brachten mich die Männer und die Frau
Erst auf ein Boot zum Übersetzen,
Dann an einen Zug und in ein
Abgesperrtes, isoliertes Sitzabteil.
Man gab mir dort, was ich benötigte.
Die Reise endete nach einem
Tag und einer Nacht in ungewisser
Fahrerei direkt in einem Berg weit unter Tage.

Hier, in einem großen Raum mit vielen
Menschen und sehr wenig Licht,
Erhielt ich eine neue Bleibe.
Die war nur ein Drahtgestell als
Bett mit festem Stoff bespannt.
Als ich mich umsah
Fand ich unter dem Gestell in einem Umschlag
Unbeschriebenes Papier und einen Stift.
Ich schrieb den siebten Brief,
Den hob mein Bettennachbar wortlos auf
Und trug ihn als ein Bote fort.

Namenlos von meiner Insel, 8. Brief
Auf der Speisetafel

Aus dem Berg war kein Entkommen,
Aber niemand wurde hier bewacht.
Allein der enge Schienenstrang
Gab eine Richtung an.
Dorthin verschwanden manchmal Leute.

In dem Berg war ich zum Küchenpersonal
Gerufen worden, ohne Zwang und ohne

Mich zu drangsalieren.
Niemand nahm sich meiner oder eines andren an.
Es gab auch Frauen, die wie wir behandelt wurden.
Sie entschieden sich in jeder Sache selbst.
In meiner Küche gab es kaum ein Wort zu sagen,
Niemand gab Befehle,
Niemand hörte zu, falls jemand redete.
Das Essen selbst war pünktlich aufgetischt
Und wurde abgeräumt von Frauen, Männern,
Die man sonst nicht sah.
Sie sprachen eine fremde Sprache unter sich.

Beim Essen stellte sich bald eine
Enge Bindung ein, vielleicht, weil jedes Essen
Eigentlich ganz harmlos einen Namen hatte.
Manchmal aber standen „Blut", dann „Leber",
„Herz" und „Nieren" oder „Lunge" auf der Speisetafel.
Das entsetzte uns.
Wir wichen blitzschnell aus, als ein gejagter Fischschwarm,
Und entflohen.
Dann, bei einem der Tumulte, stieß ich in ein Messer
Und verletzte mich in Panik an der linken Hand.
Zurück blieb eine Narbe.
Damals zählte ich die Tage und die Nächte
Und blieb länger als ein Jahr und sah kein Sonnenlicht.
Dann wurde ich, als hätte man mich irgendwo
Gefunden, wieder heimgebracht auf meine Insel.

Dort erwachte ich am hellen Tag
Aus tiefstem Schlaf und sah
Die Frau, die mich versorgte, neben mir am Bett.
Ich wollte ihr erzählen und sie fragen,
Sie jedoch bestand auf den Besuch der Nachbarin, die einen
Tag vor meinem Abtransport ein Kind geboren hatte,
Das war jetzt und heute keine vierundzwanzig Stunden alt.
Ich sah auf meine Narbe an der Hand
Und auf die Frau, die mich versorgte.
Sie verneinte mit dem Kopf.
Ich schrieb, in mich gekehrt, den achten Brief,
Den trug sie augenblicklich fort.

Namenlos von meiner Insel, 9. Brief
Angst mit Angst bekämpfen

Meine Briefe fanden nirgends Echo,
Dass, obwohl sie nachzulesen und zu hören waren.
Niemand fand es sonderbar,
Von einem Namenlosen ohne jeden
Umweg etwas zu erfahren.
Die Erlaubnis, Briefe zu verfassen, ohne
Dass man an den Schreiben
Etwas änderte, erfüllte mich mit Mut.
In Zukunft würde ich mich gleich an jeden
Und an alle in der Heimat wenden
Und um Hilfe bitten.

Ich sprach mit der Frau, die mich versorgte,
Und erfuhr, dass meine Briefe schon von Anfang an
Für jeden zugänglich und öffentlich gewesen waren.
Dass das Urteil über meine Namenlosigkeit
Und lebenslängliche Verbannung als persönliches Geschick
Und meine eigne Schuld empfunden wurde.
Niemand würde sich je um mich kümmern wollen.

Als die Frau, die mich versorgte,
Meine Angst erkannte, riet sie mir,
Ich sollte Angst mit Angst bekämpfen,
Und sie sagte:
„Willkür ist der schlimmste Terrorismus".
Das verstand ich nicht.

Dann aber kam sie eines Abends,
Legte sich entkleidet auf mein
Bett, als wollte sie sich mir beweisen.
Das verwirrte mich, und ich war traurig
Und sah hoffnungslos auf sie herab.
Sie aber zeigte mir mit ihrem Finger
An der Taille eine schwarze Tätowierung,
Die mich tief erschrecken ließ,
Es war das mittelalterliche Zeichen
Auf der Tür zu einem an der Pest Erkrankten.
„So kannst du dich schützen", sagte sie.

Dann sah sie mich sehr lange an.
Ich hätte sie gern lieben wollen,
Und mein Herz war wach,
Doch das, was ich die Seele nannte,
Wog in mir so schwer wie Stein.
Ich dachte auch daran,
Dass sie sich in vier Männern teilte.

Nun schreib ich den neunten Brief
Und hoffe auf kein Wunder,
Denn ich spüre die Gefahr
Um die Organe meines Körpers.

Einer ihrer Männer hat mir das Tatoo gestochen.
Er war freundlich und entgegenkommend.

Dieser Brief blieb ein paar Tage unentdeckt,
Dann war er fort wie all die anderen.

Namenlos von meiner Insel, *10. Brief*
Sie kämmte sich

Am neuen Morgen schienen alle meine
Spuren wie verweht, verwischt.
Ein Ungefühl nach völliger Verlassenheit
Stand mir im Hals.
Im Haus lag nichts, stand nichts
Und es gab nichts, was mich an mich erinnerte.
Im Nachbarhaus war niemand, und die
Frau, die mich versorgte, gab es scheinbar nicht.
Ihr Haus war leer und ohne Möbel,
Kein Gerät und keine Gegenstände.
Nichts bezeugte, dass hier jemals jemand ein
Zuhause hatte oder hatte haben können,
Und es steckte auch kein Schlüssel in der Tür.
Ich ging zum Strand und dort entdeckte ich,
Dass meine Spur von mir vor mir im Sand
Zum Wasser führte,
Das entfernte sich mit jedem Schritt
Und immer schneller in die Ferne.

Ich begann dem nachzulaufen, doch es
Floh mit wachsender Geschwindigkeit.
Da blieb ich stehen.
Statt nun selbst zu fliehen, hielt ich fest an
Diesem Augenblick der Leichtigkeit in mir
Und hatte keine Angst.

Mit einem Helikopter brachte man mich
Heim auf meine Insel.
Nichts an meinem Körper hatte sich verändert,
Lediglich ein kleines Pflaster auf dem Oberschenkel
Überdeckte einen Einstich.
Von der Frau, die mich versorgte, sah ich bei der
Ankunft gleich den Rücken und die federnd
Dunkelroten Haare, die in langen Locken
Fast bis zu den Hüften reichten.
Ihr Gesicht sah ich im Spiegel, und sie kämmte sich.
Sie sah daraus voll Freundlichkeit zu mir.
Ich hätte meinen Mund, die Nase und die Hände gerne
In ihr Haar gedrückt.
Da kam sie langsam auf mich zu und
Drehte mir, ganz nah, den Rücken zu.
Mit ihrer rechten Hand schob sie die Haare aus dem Nacken
Über mein Gesicht und über meinen Hals
Und sah mich von der Seite an.
Die Leute, die mich brachten, nahmen
Nicht Notiz davon.
Es war als stünden wir auf einer Bühne
Ohne jedes Publikum.
Mein Herz schlug schnell,
Es war der engste Schritt in unsrem Tanz.

Ich schrieb danach den zehnten Brief und
Rätselte nicht um Erklärungen.
Ich weiß auch nicht, wer diesen Brief und wohin
Weitertrug.

Namenlos von meiner Insel, *11. Brief*

   Die drei Frauen,

Ohne Vorbereitung holte man mich ab von meiner Insel.
Die Bewacher kannten mich,
Doch ihre Sprache blieb mir fremd.
Ich zeigte keinen Widerstand,
Und war ergeben in mein Los:
Zu lebenslanger Namenlosigkeit verurteilt.

Der Transport war eigentlich mehr eine
Reise, weil man höflich zu mir war und
Mich in keiner Weise drangsalierte.
Mehrfach wendete man sich an mich mit
Fragen oder mit Bemerkungen,
Doch die verstand ich nicht.

Wir kamen wieder zum Reaktor-U-Boot.
Das war aufgetaucht auf hoher See, und ich gelangte
Aus dem Helikopter über eine Einstiegsluke in das Schiff.
Man hatte mich erwartet, und man brachte mich
In eine aufwendig gestaltete Kabine,
Wo ich, wie das zweite Mal davor,
Zur Körperpflege und zur Kleidung alles passend fand.

Am ersten Abend hatte ich
Begegnung mit dem Mann, der über allem stand.
Der lud mich freundlich ein zu einem Essen mit den
Frauen, die ich von dem zweiten Treffen her
Noch kennen sollte.
Das gefiel mir nicht, weil man mir damals
Keine Wahl gelassen hatte, und ich nacheinander
Mit drei amputierten Frauen für drei Nächte
Unfreiwillig schlafen musste.

Die drei Frauen kamen auf mich zu
Und gaben mir fast schuldbewusst
Ein wenig Selbstvertrauen, weil sie mich in meiner
Sprache grüßten und nach meinem
Wohlbefinden fragten.
Ihre Hände lagen dabei voller Stolz

Auf ihren Unterleibern.
Eine trat heraus und sagte mir, wie
Glücklich sie nun wären, und sie kämen
Aus dem Land, wo Männermangel herrschte,
Ja, ich sollte alle drei in dieses Land, das hoch in
Kalten Bergen liegt, begleiten,
Und ich wäre sofort frei.
Sie überreichte mir drei Fotos von den Ungeborenen.
An meinem Urteil über lebenslange Namenlosigkeit
Vermochten sie zwar nichts zu ändern,
Aber sie versprachen Wohlstand und dass ich mit
Allen drein gemeinsam leben dürfte.
Alle gratulierten mir zu diesem Glück,
Und Tränen standen ihnen in den Augen.

Ich verfluchte aber diesen Augenblick
Und sehnte mich sekundenlang nach Selbstkasteiung.

Eine Antwort gab ich nicht.

Ich ging stattdessen aus dem Raum durch eine Tür,
Die war ein wenig angelehnt,
Und stand vor meiner Unterkunft auf meiner Insel,
Vor der Frau, die mich versorgte.
Sie nahm mir die Fotos aus der Hand
Als wüsste sie Bescheid.

Ich schrieb den elften Brief
Und gab ihr den dazu.
Sie wandte sich mit einem Lächeln ab
Und ließ mich wortlos stehen.

Mir im Rücken spürte ich die
Unzufriedene Gesellschaft.

Namenlos von meiner Insel, *12. Brief*
Ob ich Tango tanzen könnte,

Die Frau, die mich versorgte,
Saß in meinem Zimmer auf dem Stuhl
An meinem Bett.
Ich stand davor und sah auf sie herab.
Ich wusste nicht, wie weit ich ihr
Vertrauen durfte, und ich hätte sie sehr gerne
Sehr begehrt.
Da stand sie auf und fragte, ob ich mit ihr
Tango tanzen würde, ob ich
Tango tanzen könnte.
Dabei senkte sie den Kopf und
Blickte mich von unten stolz und sehr ernst an
Und legte meinen rechten Arm an ihre
Taille und begann mit ihrem linken Fuß
Den Takt zu stampfen.

Ich war irritiert, mir fehlte die Musik.
Doch ihre Schritte und ihr Leib, und weil ich ihre
Körperliche Enge, Haut an Haut, verspürte,
Ließ ich sie sich von mir drehen und sich an mich reißen,
Und ich wurde ihr zum Halt
Und sie mir meine einzige Trophäe.

Sie trug eine luftig weite, ärmellose, weiße Bluse,
Ihre blanke Stirn warf Sonnenlicht zurück,
Und in der Anmut der Bewegungen
Ließ sie die Blicke
Mir nicht aus den Augen gleiten.
So gab sie sich ihrem Tänzer hin,
In unsrem Atem waren wir vereint.
Wir tanzten kurz und schnell
Bis sie sich plötzlich ganz aus meinen
Armen rollte und zurückgedreht, wie leblos
Mir zu Füßen sank.

Ich war wie sie erschöpft und half ihr auf.

Es roch nach Sperma.

Meine Frage nach Vertrauen stellte sich nicht mehr.

Sie tänzelte noch für Minuten durch den
Raum, als müsste sie ein Puzzle
Stück für Stück und Schritt für Schritt
Zusammensetzen und zusammenfügen,
Eine Kette von zerrissenen Ereignissen
Für sich noch einmal nacherleben.
Dann gab sie mir flüchtig einen Kuss
Und stützte sich dabei auf meinen
Armen ab.

Der zwölfte Brief lag tagelang auf meinem
Tisch, als sollte ich mir alles gründlich überlegen.
Danach war er fort.

Namenlos von meiner Insel, 13. Brief
Eine Probefreiheit,

Ich wurde wieder abgeholt.
Es sollte neu verhandelt werden.
Sicher zweifelte nun keiner mehr an meiner
Unschuld, und ich käme frei.
Die Frau, die mich versorgte,
Wollte einfach mit mir kommen,
Und man hatte scheinbar nichts dagegen,
Doch man tat als gäbe es sie nicht.
Ich kam erneut vor ein Gericht.
Die Frau, die mich versorgte,
Sprach als Übersetzerin zu mir
Und ließ mich wissen, dass man mir
Zur Probe, also auf Bewährung,
Meine Freiheit geben wollte.
Diese Probe, diese Freiheit, hätte nichts
Mit mir zu tun und änderte auch nichts an meinem Urteil,
Nein, sie wäre eine Probefreiheit meiner alten Welt.
Die sollte sich bekennen.

Das verstand ich nicht.

In meiner alten Heimat angekommen
Sah ich gleich, dass an der Eingangstür
Ein fremder Name stand, und Nachbarn, die
Ich kennen musste, gab es nicht.
Man sprach mich aber an und fragte,
Ob ich der sei, der im Ausland zwar begnadigt,
Aber schuldig und verurteilt worden sei.
Die Frau, die mich versorgte,
Sagte mir, dass diese Leute nur das Wissen hätten,
Das ich selbst in meinen Briefen mitgeteilt
Und fortgegeben hätte.
Niemand hier bezweifelte die Schuld an mir
Und dass es alles schon mit rechten Dingen
Zugegangen sei.
Man wendete sich ab.
Es hieß sogar, dass man mich hier nicht haben wollte,
Und man kehrte mir den Rücken.

Auch die Frau, die mich versorgte, war kein Trost,
Im Gegenteil.
Von ihr erfuhr ich nämlich, dass man mir die Heimkehr
Auf die Insel offenhielt, ich brauchte dem nur zuzustimmen.
Namenlos in meiner Heimat, sollte ich mich wie in der Verbannung
Unfreiwillig und doch freiwillig dem
Urteil, dass ich nicht verhindern konnte, beugen,
Und mich fremdbenutzen lassen.
Einzig in der Frau, die mich versorgte, sah ich
Noch die Hand, die sich mir bot,
Und floh in Angst mit ihr zurück auf meine Insel.

Diesen vielleicht letzten Brief schrieb ich
In großer Eile, und er wurde, wie noch feucht,
Mir aus der Hand gesogen und verschwand.

Namenlos von meiner Insel, 14. *Brief*
  Kein Geräusch

Diesen Morgen schlief ich lange
Und erwachte von der Ruhe um mich her.
Von draußen drangen keine Laute, kein Geräusch zu mir,
Es schien als wäre alles das, was mich umgab, in
Stoffe, Tücher, Watte eingeschlagen.
Dumpfe Stille hielt den Atem an.
Ich ging an meine Haustür
Um hinauszuschauen,
Doch sie war verklemmt,
Es drückte sie von außen etwas zu.
Ich sah durch einen Spalt
Und fand ganz eng ans Haus gewachsenes
Gestrüpp, dahinter Bäume, aufrecht und gestürzt,
Die ich zuvor noch nie gesehen hatte.
Urwald hatte sich dort ausgebreitet.
Durch das Fenster war ein starker Ast gewachsen,
Der stieß an die Zimmerdecke.
Jenen kleinen Sandweg, der zu meiner
Haustür führte, hatte sich Natur zurück erobert.
Ich stieg an dem Ast ins Freie.
Niemand war zu sehen.
Weit zu gehen traute ich mich nicht,
Ich hatte Angst, es war mir alles fremd.

Ich kletterte zurück ins Zimmer.
Es war dunkel hier und Lampen funktionierten nicht.
Ich setzte mich zurück aufs Bett.
Da öffnete sich eine Tür, die ich zuvor noch nie
Gefunden hatte, neben meinem Bett in einen andren Raum.
Der war mein ursprünglicher Wohnraum in Kopie,
Ganz gleich und ohne diesen Wildwuchs.
Alles dort war so wie ich es kannte, so wie immer.
Etwas seitlich hielt die Frau, die mich versorgte,
Mit der rechten Hand den Türgriff,
Und mit ihrem linken Zeigefinger winkte sie mir zu,
Dass ich ihr folgen sollte.
Dann verschwand sie hinter ihrem Türblatt.
Ich stieg übers Bett nach drüben, doch sie hatte diesen Raum

Schon durch die Eingangstür verlassen.
Ich trat ebenfalls nach draußen und fand alles
Unverändert und vertraut wie eh und je.
Der Sandweg führte als ein Rinnsal auf die
Haustür zu, und alles war verlässlich.
Die Geräusche waren mir gewohnt, und nebenan
Sprach jemand laut, ein anderer sang eine kleine Melodie.
Die Zwischentür zum ersten Raum war zugeschlagen.
Ich ging wieder hin und öffnete sie weit, um nachzuschauen,
Was ich dort verlassen hatte.
Urwald hatte sich tatsächlich bis hier ausgebreitet.
Ich stand noch im Rahmen dieses Durchgangs
Als die Frau, die mich versorgte, wieder eintrat.
Die vier Männer, denen sie sich teilte, waren auch dabei.
Sie gaben mir ein Zeichen, dass ich mich entscheiden sollte.
Ich ging in den neuen Raum.
Sie wollten nun den Durchgang wie mit Fensterläden schließen.
Das war mir zu grob und viel zu unwirklich.
Das spürte wohl die Frau, die mich versorgte.
Sie sprach mit den Männern und nahm mich in freundschaftlicher
Führung mit sich weit nach draußen bis hin zu den Blumengärten.
Nirgends sah ich Wildwuchs oder Urwald.
Erst am späten Abend kamen wir zurück.
Die Männer hatten in der Zwischenzeit die Öffnung
Sowie jede Spur zu einem andren Raum beseitigt,
Und auch draußen konnte ich nichts finden.

In dem neuen Zimmer schrieb ich alles auf,
Was mir seit diesem Morgen widerfahren war.
Ich suchte nicht nach Fragen oder Antworten.

Dem Brief gab ich die Nummer vierzehn.
Er lag tagelang in meinem Zimmer neben meinem Bett,
Dann hatte man ihn abgeholt.

Namenlos von meiner Insel, 15. Brief
Ausgeliefert,

Das Urteil stand mir hoch als Wand vor Augen:
Ohne Schuld war ich in einem fremden Ausland
Erst zum Tod durch Hängen abgeurteilt worden,
Später, wegen einer Sprachverwirrung,
Namenlos verbannt auf diese Insel.
Hier war ich der Willkür Unbekannter ausgeliefert.
In der Heimat hatte ich noch Schlimmeres erlebt:
Man wollte mich dort nicht mehr haben,
Weil man mich für schuldig hielt.

Die Rückkehr war mir so vereitelt worden.
Nirgends konnte ich Vertrauen fassen,
Auch nicht zu der Frau, die mich versorgte.
Lange dachte ich darüber nach.
Ich wusste nicht, ob sie und die vier Männer,
Denen sie sich teilte, einer Obrigkeit gehorchten.

Diesem, meinem neuen Brief, gab ich die Nummer fünfzehn,
Und ich wusste nicht, für wen, für was ich alles festhielt.
Draußen mochte es noch jemand geben,
Der viel Schlimmeres erlebte und erfuhr,
Doch konnte mir das Trost sein und Vertrauen schenken?
Worauf konnte ich noch hoffen?

Gleich nach seiner Niederschrift war dieser Brief
Verschwunden.

Namenlos von meiner Insel, 16. Brief
Im „Großen Haus"

Ich verließ das Haus
Und ging spazieren.
Da fuhr neben mir ein Wagen auf.
Der wurde von der Frau gelenkt, die mich versorgte,
Und sie fragte, ob ich sie begleiten wollte.
Sie war auf dem Weg zum „Großen Haus".
Das kannte ich noch nicht.

So stieg ich zu ihr ein.
Sie sah ein wenig anders aus als sonst.
Ich sah sie von der Seite an, mir fiel jedoch nichts weiter auf.
Wir fuhren zu dem „Großen Haus".
Es schien sehr herrschaftlich.
Von weitem sah ich viel Geschäftigkeit.
In nächster Nähe gingen dann zwei Frauen,
Die der Frau, die mich versorgte, zum Verwechseln
Glichen.
Ich war irritiert,
Die Frau saß neben mir und war auch draußen.
Eine von den beiden sah ein wenig jünger aus,
Die andere schien älter.

Meine Fahrerin blieb ungerührt.
Wir traten ein.
Gleich hinter dem Empfang stand ich.
Ich stand dort zweimal,
Einmal so wie ich vor Jahren ausgesehen hatte
Und daneben ganz genau wie jetzt.
Ich wollte mich verstecken.

In dem ganzen Haus war reges Tun und auch viel Lässigkeit.
Ich traf auf immer neue Doppelgänger.
Keiner staunte, alle waren ungewöhnlich frei.
Ich kannte mich bald nicht mehr aus.
Die Frau, die mich versorgte und den Wagen
Hergefahren hatte, konnte ich nicht mehr entdecken.
Sie war in zu viele gleiche Frauen eingetaucht.
Da wurde ich von einem meiner Doppelgänger angesprochen.
Er sah mich sehr freundlich an.
Er sprach jedoch nicht meine Sprache,
Und ich lächelte verständnislos zurück.
Ein wenig aber spürte ich Vertrauen,
Und ich hatte Lust ihn zu berühren.

Viele Wochen lebte ich im „Großen Haus".
Wir gaben uns an Kleidung, Essen, Überflüssigem
Und an Erforderlichem was wir brauchten.
Immer war jedoch schon alles angetan und
Stand bereit für mich, für alle meine Ichs

Und für die Doppelgängerinnen von der Frau,
Die mich versorgte, und sie selbst darunter.

Eines Tages redete von denen eine ganz vertraut mit mir,
Dass ich „der in Verbannung" sei,
Sie führe wieder heim und wenn ich wollte..
Ich war gleich dabei und sagte: „Ja",
Doch trauen konnte ich ihr nicht.
So fuhren wir zurück.
Zu Hause angekommen
Stand die Frau, die mich versorgte, uns im Weg,
Und ohne Staunen öffnete sie mir die Wagentür.
Sie fragte nur, ob ich im „Großen Haus" gewesen sei
Und sah gelangweilt auf die Doppelgängerin.
Die grüßte sie und fuhr, als wäre nichts, davon.

Mein neuer Brief erhielt die Nummer sechszehn,
Und er wurde schon am andren Tag
Von jemand wortlos abgeholt.

Namenlos von meiner Insel, 17. Brief
Doppelgänger

Die Frau, die mich versorgte,
War bei mir am späten Vormittag zu Gast und
Sprach von großem Glück, das uns beträfe.
Ich verstand sie nicht.
Sie wollte deshalb mit mir leise dieses
Haus verlassen und zum „Großen Haus",
Wo unsre Doppelgänger lebten, fahren.
Für Sekunden hatte ich mir anderes von ihr
Versprochen, und ich hätte sie so gern geliebt.
Das spürte sie und gab mir zu verstehen,
Dass sie etwas wüsste, was für sie und mich
Und die vier Männer, denen sie sich teilte,
Wichtiger und von Bedeutung sei.
Sie sah mich dabei aber an, dass ich sie in die
Arme nehmen musste.
Für den Augenblick fing ich sie auf,
Doch sie gab sich als Frau und wollte keinen

Trost.
Wir liebten uns das erste Mal.
Das dauerte bis in die Dämmerung.
Dann aber wollte sie mir zeigen, was sie wusste,
Und wir fuhren los.

Nicht weit vom „Großen Haus" entfernt
Versteckten wir uns hinter einem Busch.
Doch das war gar nicht nötig.
Ich erkannte Schreckliches.
Es lagen alle Leiber unsrer Doppelgänger leblos
Vor dem Haus.
Sie waren noch zum Teil bekleidet, aufgestapelt und an vielen
Stellen ihre Körper aufgeschlitzt und schlimm
Entstellt.
Wir sahen Kinder unter ihnen, aber wagten uns nicht
Nah an sie heran und nicht, sie zu berühren.

Links vom „Großen Haus" erkannte ich die Männer,
Denen sich die Frau, die mich versorgte, teilte.
Die vier Männer trugen Schutzanzüge, und es schien,
Dass sie die toten Leiber sammelten, um sie zu
Transportieren.
Einer von den Vieren schrieb an einer Liste.

„Uns", so sagte sie, „hat man verschont, weil wir die wahren
Körper haben.
Unsre Doppelgänger waren scheinbar ein Versuch,
Sie hatten aber wahres Leben,
Denn sie hatten Kinder.
Das war mir seit langem schon bekannt."

Ich hielt bei dem Gedanken an die Kinder meinen
Atem an, das Herz schlug mir im Hals.
Ich fühlte mich als Vater und empfand doch keine Trauer.

Sie stand lange still und schlug dann vor
Zurück zu fahren:
„Wir sind hier umsonst, wir können und wir konnten
Gar nichts machen.
Keiner von uns weiß, warum sie sterben mussten."

Diesmal gingen wir zu ihr nach Hause,
Und wir liebten uns ein zweites Mal in
Tränenreichem Wiedersehen, in Verzweiflung und in
Abschied.

Tage später schrieb ich
Alles auf und gab dem
Brief die Nummer siebzehn.
Der lag lange unbeachtet hinter meinem Bett
Bis ich ihn fast vergessen hatte.
Eines Tages aber wollte ich das „Große Haus" erneut besuchen,
Doch es gab nichts mehr, kein Haus, kein Grab und keine Spur.
Seitdem war auch mein Brief
Verschwunden, so wie all die anderen davor.

Namenlos von meiner Insel, 18. Brief
Ein weiteres Geheimnis

Meine Liebe, die ich zu
Mir hatte, ging verloren,
Ich empfand mein Lieben
Nicht mehr liebenswert
Und dass ich mit der Frau,
Die mich versorgte und die sich
Vier Männern teilte, Liebe hatte, war
Mir ein Geschenk in aussichtsloser Lage.
Sie war mir ein Himmel, den ich in der
Kleinsten Wasserpfütze sah.

Ich war am Rande des Betruges,
Des Verrats an mir.
Ich hasste mich und dankte allem
Über mir zugleich, dass es dies wunderbare
Wesen gab.
Wir hatten kein Geheimnis
Voreinander und vor niemandem,
Und doch war es für andere nicht nur, als
Wäre nichts, es war viel weniger, es
Intressierte sich nicht einer für uns zwei,

Und selbst die Frau, die mich versorgte,
Die mir nun so nahe stand, war
Unpersönlich, höflich,
Und sie fragte mich nach gar nichts aus.
Ich drängte sie, mir zu erzählen,
Was sie fühlte, was sie dachte,
Und vor allen Dingen, wie sie hieß.
Die Frage schien ihr fremd,
Als wüsste sie nicht, was ich meinte,
Aber sie war aufgeregt
Und wollte mir ein weiteres
Geheimnis zeigen.

Also fuhren wir in eine
Gegend dieser Insel, wo sich Wellen
Ohne Sturm an einer Küste brachen
Und zu Wassersäulen türmten.
Es war tosend laut.
Sie schrie mir zu und flüsterte zugleich:
„Darunter leben sie versteckt
Und können rasend schnell nach oben kommen.
Niemand ist vor ihnen sicher,
Sie bestimmen über alles!"

Ich war überrascht und
Konnte eine solche Technik nicht verstehen.
Doch vor meinen Augen brachen
Gischt und Wassersäulen in ein Nichts
Zusammen, und der Felsenboden senkte
Sich nach unten ab, dort sah ich
Glasverdeckte Häuser, die im Kunstlicht
Standen.

Dann verschloss sich alles wieder,
Und die Wassersäulen stiegen auf.
Ein leichter Wind trug
Wassernebel her zu uns.
Er schmeckte nicht nach Salz.

Wir fuhren heim und saßen lange
Auf dem Bett in meinem

Zimmer.
Keiner von uns beiden
Wusste etwas zu erklären.
Keiner wagte das Gesehene zu deuten.

Wieder schrieb ich alles auf
Und gab dem Brief die Nummer achtzehn.
Als die Frau, die mich versorgte,
Spät am Abend ging,
Nahm sie den Brief vom Tisch
Und nahm ihn wortlos mit sich fort.
Ich rief ihr meine Frage nach,
Doch schien es mir als wäre plötzlich
Eine jeden Laut verschluckende und unsichtbare
Trennwand zwischen uns.
Sie konnte mich nicht hören.

Namenlos von meiner Insel, 19. Brief
Eine junge Frau

Die Frau, die mich versorgte und die sich
Vier Männern teilte, kam, mich zu
Besuchen.
In der Hand hielt sie die Okarina, die sie
Eigenwillig spielte, und sie fragte dann,
Ob mir ihr Spielen recht sei.
Ihre Melodie war leicht und sanft,
Sie rührte mich in fremder Weise,
War das Trippeln einer Frau in buntem, engem Rock
Auf hölzernem und doch gedämmtem Boden.
Diese Frau, von der ich keinen Namen wusste,
Hatte ich geliebt und war doch nicht in
Leidenschaft zu ihr,
Es war, als lägen unsre Zimmer auf dem selben Flur,
Ganz nah, und doch so weit entfernt,
Es schien, wir müssten uns von uns
Erlaubnis holen, um uns zu besuchen.

Ihre Melodie klang aus.
Sie wollte wissen, ob ich auch ein

Instrument zu spielen wüsste,
Und ich hatte keine Antwort, denn mir war sie nicht
Die Spielerin auf einem Instrument,
Sie war viel mehr die Bringerin von
Liebessehnsucht.
Ihre Frage ließ ich liegen.

Hier in meinem Zimmer war es eng, und
Sie war nah an mir,
Ich wagte aber nicht, sie zu berühren.
Ja, ich spielte auch ein Instrument und
Sagte es ihr jetzt.
Sie aber sprach von etwas anderem,
Und sagte, dass sie eine Frau an ihrer
Seite hätte, und die würde draußen warten.
Diese Frau wär ein Beweis, ein schlimmer leider,
Aber sie wär noch am Leben.

Ich verstand kein Wort und wurde hart aus meiner
Kleinen Harmonie gerissen.

Ich ging vor die Tür nach draußen.
Dort stand eine junge Frau mit einem leichten
Seidentuch um ihren Kopf, das nur zwei grüne Augen
Ausschau halten ließ.
Sie sprach mich holperig in meiner Sprache an,
Entschuldigte sich aber gleich dafür.
Sie zeigte Anmut, und das Tuch
War Teil von einer feinen Schönheit.
Dann zog sie den Schleier langsam vom Gesicht.
Das war entstellt, gleichzeitig aber so verheilt,
Als hätte sie ein viel zu festes, weißes Tuch um
Ohren, Nase und den Mund gezogen.
Ihr, so sagte mir die Frau, die mich versorgte,
Hätte man die Lippen, Ohren, Nase einfach abgeschnitten
Und sie ihrem Schicksal überlassen.
Das tat mir unendlich leid.

Ich nahm sie ohne Worte und mit großer
Vorsicht in die Arme.
Sie jedoch war fest und unbeirrt und wies den Trost von sich.

„Ich habe Schlimmeres erlebt als das,
Was ich dir zeige", sagte sie und
Zog den Schleier des Erbarmens
Wieder über ihr Gesicht und ihren Kopf.

Es war schon spät am Abend,
Und die Frau, die mich versorgte,
Ging mit ihr voran und mir an ihrer Hand,
In meine Wohnung.
„Keiner hat mehr Umgang mit der Frau",
Sprach sie wie zu sich selber, aber laut.

Die Frau war still und setzte sich in
Artigkeit auf einen Stuhl.
Die Frau, die mich versorgte, sagte noch im Gehen:
„Diese Frau hat niemanden, sie bleibt
Nur ein paar Tage.
Sie vertraut in allem ganz auf dich
Und danach wirst du nie im Leben wieder
Etwas von ihr hören."
Da verstand ich meinen Auftrag
Und bedachte alles sehr genau.

Aus Mitleid wollte ich die Frau nicht haben,
Dazu war sie auch zu stolz.
Sie wollte sich jedoch in ihrer Not von einer andren
Not durch mich befreien lassen.

Nach fünf Tagen war sie früh am Morgen wieder fort.
Ich hatte sie sehr gern an meiner Seite.

Alles schrieb ich wieder auf und gab dem
Brief die Nummer neunzehn.
Den nahm sie bei ihrem Auszug
Heimlich, ohne mich zu fragen, mit.

Die Frau, die mich versorgte,
Hatte einen langen Blick für mich.
Der schien gemischt mit Neugier und mit
Aufmerksamer Dankbarkeit.

Namenlos von meiner Insel, 20. *Brief*
Moderne Technik

In meiner hoffnungslosen Lage
Tastete ich vorsichtig nach etwas Glück.
Ich lebte namenlos verbannt in
Unbekannter Fremde auf der Insel, und in meiner
Heimat glaubte man dem Urteil über mich, zu dessen
Grund mir niemand jemals etwas hatte
Sagen wollen.
Meine Heimat nahm mich nicht mehr auf.

Ich war ein Todeskandidat,
Und nur durch eine Sprachverwirrung
Blieb das Todesurteil ausgesetzt.
Man wandelte es um in lebenslängliche Verbannung
Und in Namenlosigkeit.
Von da an war ich fremdbestimmt,
Und es verfügten Unbekannte über mich
In ungebremster Willkür,
Und seit kurzer Zeit empfand ich Mut zur
Gegenwehr und dachte weit zurück
Und sehr weit in die Zukunft, denn die hätte
Ich vielleicht zusammen mit der Frau, die mich
Versorgte und die sich vier Männern teilte,
Finden können, doch sie blieb mir trotz
Der körperlichen Nähe unvertraut.

Ich ging zu ihr und fragte sie nach technischen
Verbindungen in meine Heimat.
Davon hatte sie erfahren und sie führte mich
Sehr weit zu einem kleinen Haus.
In dem fand ich moderne Technik, deren
Umgang und Benutzung sie mir zeigte.
Es war nichts Verbotenes dabei.
Wenn ich die Nummer oder Anschrift eines
Adressaten wüsste, könnte ich hier alles
Nutzen,
Der Empfänger müsste lediglich zur
Kostenübernahme Einverständnis geben.
Darin sah ich kein Problem und rief aus alter

Zeit die erste Nummer des Vertrauens auf.
Als die Verbindung stand und ich auf einem
Bildschirm die Person im Kreis von Freunden
Sehen konnte, lehnte man dort jede Kostenübernahme
Strikt und einfach ab.
Die Stimmen hörte ich sehr gut, und auch das Bild
War einwandfrei.
Mich aber konnten sie nicht hören,
Keiner wollte mit mir sprechen.
Es war kein Betrug.

Die Suche nach ein wenig Glück
Nahm eine sonderbare Wende.
Unglück in der Fremde und in meiner
Heimat hielten sich so gleichgewichtig
In der Waage, dass mich Ausgeglichenheit,
Zufriedenheit und nie gekannte Glücksgefühle
Überkamen.

Eine reiche Stille breitete sich in mir aus
Und ließ mich schweben.
So nahm ich die Frau, die mich versorgte,
An die Hand, und auf dem Weg zurück
War ich ein freier Mann.
Ich fühlte in mir Sicherheit erwachsen
Und es schien, dass ich nicht einem Menschen mehr
Nur das Geringste schuldete.

Zuhause schrieb ich alles wieder auf,
Der Brief erhielt die Nummer zwanzig.
Und noch während ich die Zeilen schrieb,
Erstarkten meine Glücksgefühle, und es blieb
Nicht nur Erinnerung an einen schönen
Augenblick, es wuchs in mir Vertrauen in die
Zukunft.

Dieser Brief lag lange unbeachtet in dem Zimmer.
Irgendwann verlor ich ihn aus meinen
Augen.

Namenlos von meiner Insel, *21. Brief*
   Mit honigsüßen Worten

Das Leben, das ich führte, nahm mich in
Beschlag, und es schien alles gut.
Ich hatte mich daran gewöhnt und musste mich um
Gar nichts kümmern,
Und die Frau, die sich vier Männern teilte,
Sorgte sich um mich mit größter Freundlichkeit
Und manchmal auch mit Liebesnähe,
Doch sie sprach kein Wort darüber.
Was sie dazu trieb blieb ein Geheimnis.
Wünsche, die ich hatte, nahm sie ernst
Und half nach Kräften.

Ungeachtet dessen, sah sie ganz gelassen zu
Als mich erneut drei Männer holten
Und gefesselt in ein Auto zerrten.
Ich versuchte diesmal Widerstand, den gab ich aber sehr
Schnell auf.
Die Männer setzten sich im Fahrzeug Atemmasken auf,
Und ich erwachte erst bei Dunkelheit in einem fremden Raum.
Mir war ein wenig übel.
Mit der Fessel an den Handgelenken tastete ich
Meinen Körper ab.
Ich suchte nach Verletzungen, nach Narben, die vielleicht
Entnahmestellen wären oder nach Verbänden.
Dabei bohrte ich mir aus Versehen mit dem freien Fesselende
In den Leib und fürchtete das Schlimmste.
Aber ich fand nichts und unterdrückte meine Angst.

Ich schlief danach sehr lange weiter, bis man mich in fremder
Sprache weckte und die Fessel von den
Handgelenken schnitt.
Man führte mich in einen Raum mit anderen und gab mir
Trinken und zu Essen.
Über mir in allen Zimmerecken sah ich winzige Geräte, die mich
Gleich beim Eintritt in den Raum erfassten, sich
Geräuschlos und synchron mit mir bewegten.
Nach dem Essen führte man mich in den ersten Raum zurück,
Und ließ mich dann allein.

Ich sah nun, dass die Liege recht bequem,
Fast komfortable war,
Es standen unerwartet viele schöne Möbel zum Benutzen.
Eine Tür war angelehnt und führte in ein Bad mit Dusche
Und den Dingen, die ich gern zur Körperpflege hatte.
Oben, an der Zimmerdecke aber hingen
Wieder die Geräte, die mich stumm erfassten
Und verfolgten.

Es war hell, und ich erkannte nicht
Ob ich im Kunstlicht oder in der Sonne stand.
Es lagen Kugelschreiber und Papier auf einem Tisch.
Mit einem Regler ließ sich die Beleuchtung steuern.

Tagelang und regelmäßig nahm sich jemand meiner an,
Und führte mich zum Speiseraum und auch zu einem Pool,
Doch keiner konnte mich verstehen.

Eines Abends aber sprachen mich zwei unscheinbare und doch
Auffällige, junge Frauen freundlich und in meiner Sprache an.
Sie hatten beide schulterlanges Haar mit Locken, die
Kastanienfarben schimmerten.
Es waren Zwillinge, in allem zum Verwechseln gleich.
Sie flöteten mit honigsüßen Worten,
Und sie geizten nicht mit eleganten Künsten ihrer
Augen und mit Handbewegungen in ihre Haare und mit
Großen Gesten, die bis nah an meine Schultern reichten.
Fast wie selbstverständlich kam es dann, dass sich die eine
Sanft entschloss, und mir im Beisein ihrer Nachbarin das
Angebot, sie zu begleiten, unterbreitete.
Das war verlockend und mir mehr als recht.
Die ganze Nacht verbrachte ich mit ihr.

Am zweiten Abend ließ sich ihre Schwester mit mir ein.
Ich konnte sie jedoch von ihrer
Zwillingsschwester überhaupt nicht unterscheiden.
Dann verbrachte ich die dritte Nacht mit beiden,
Weil sie es so wollten.
Beide waren dabei sehr gesprächig.
Ich erfuhr von ihnen, dass sie in den letzten
Vorbereitungen zu einer Reise in den Orbit waren,

Und hier machten sie nur kurz Station.
Die Reise würde viel zu lange für ein
Menschenleben dauern, deshalb wollten oder mussten sie im
Raum Familie gründen und durch sie den Flug
Zu Ende führen lassen.

Sie erzählten völlig unbeschwert, dass sie
Geschlechtsneutral geboren worden wären
Und dass dieser Umstand erst die Reise möglich machte.
Weiter sagten sie, sie könnten
Sperma lebenslang in sich lebendig aufbewahren
Und gezielt zu jeder Zeit ein Ei damit befruchten,
Dass sie das Geschlecht bestimmen und sogar
Dem Nachwuchs ihre eignen Fähigkeiten und den
Samenvorrat mit vererben konnten.
Ich als Namenloser hätte dabei nichts riskiert.
Ich könnte nichts verlieren
Und durch sie im Grunde nur gewinnen.
Alles wäre denkbar ohne dass ich einen
Nachteil haben würde.
Von dem neuen Wissen wollten sie mir weiter nichts erzählen.

Ich sah mich nicht nur von beiden Schwestern schwer
Betrogen sondern auch von mir verraten,
Denn ich hatte mich das Opfer meiner eignen
Eitelkeit und Lust und Dummheit werden lassen.

Anderntags war keine Spur mehr von den Zwillingen zu finden.

Wieder schrieb ich alles auf und gab dem Brief die
Nummer einundzwanzig.
Dem galt lange kein Intresse
Bis ich ihn vergessen hatte und nicht wieder fand.

Ich wohnte lange völlig unbehelligt weiter in dem Haus
Und hatte freie Zeit, die wollte ich für die Erkundung nutzen.

Namenlos von meiner Insel, 22. *Brief*
Unterwasserspiele

Man hatte mich gefesselt und verschleppt.
Es schien, dass mein Verschleppen eine Sache war, die ich nicht mit
Gefangenschaft verwechseln durfte,
Denn die Fessel war mir bei der Ankunft abgenommen worden.
Niemand zeigte Grenzen auf,
Man zwang und drängte mich zu nichts.

Der Raum, in dem ich mich befand,
Und der zuerst für mich Gefängniszelle war,
Der Speisesaal und auch der Pool
Verloren langsam mit den vielen Wochen Aufenthalt,
An Fremdheit.
Dass sich niemand zu erkennen gab, und
Niemand meine Sprache sprach,
Ertrug ich schwer.
Ich wusste nicht, wie ich mich orientieren sollte.
Ich vermisste auch die Frau, die mich versorgte,
Und die sich vier Männern teilte.
Ich vermisste meine Insel.
Aus der Orientierungsnot jedoch wuchs
Neugier für die Welt, die Niemandswelt,
In der ich mich befand.

Ich wollte wissen, welche Leute außer mir in diesem Haus
Zuhause waren und begab mich auf Erkundung.
Überall entdeckte ich, dass Menschen sich ganz
Nebensächlich grüßten oder ignorierten und zugleich
Erlebnisleben führten, die ich so nicht kannte.
Hohe lichterfüllte Räume reichten allseits bis in weite Fernen,
Landschaft wandelte sich nahtlos um in Unterwasserlandschaft,
Und ich sah sie tief im Raum verschwinden.
Bäume allerdings und Sträucher gab es nur als
Meerespflanzen, die sich ohne jeden Wellengang
Und ohne Strömung, ohne Wasser um sie her, in sanften
Schwingungen bewegten.
Zwischen ihnen schwebten, flogen
Große, kleine Meerestiere, die in Schwärmen oder
Einzeln kamen und verschwanden.

Jemand neben mir sah mein Erstaunen, und in meiner
Sprache sagte er: „Was du hier siehst, ist alles wahr,
Du kannst es glauben. Nichts ist Illusion."
Das war von jenen Männern einer, die mich oft begleiteten und
Sonst in meiner Sprache nichts verstehen wollten.

Ich durchstreifte Raum um Raum, und sah in ihnen viele
Männer, Frauen, Kinder wie sie miteinander spielten.
Ihre Kleidung war mir fremd und immer eng anliegend.

Auf sehr großen, supergroßen
Tischen und darüber lagen und bewegten sich mir
Völlig fremde Meerestiere frei von allem Wasser,
Aber so als wären sie in ihrem Element und doch gefangen.
Eine Art Gehege ohne Zaun war offensichtlich diesen
Tieren vorbehalten, und mir schien, sie trügen nur zur
Unterhaltung der Besucher bei.
Man achtete jedoch nicht viel auf sie.

Ganz hinten aber sah ich, dass sich Menschen drängten
Und vor einem übergroßen Fenster standen,
Das war leicht gewölbt nach draußen.
Hinter diesem Fenster sah ich Meeresgrund und Meer, und darin
Menschen, die noch eben neben mir gestanden waren, wie sie
Diese fremde Welt für sich eroberten und dort spazieren gingen.

Sie betraten und verließen Meeresgrund und Meer durch eine Wand,
Die schien wie Glas zu sein.
Sie gingen beim Betreten einfach auf die Fläche zu, und die
Umhüllte sie sofort und gab sie beim
Verlassen unbeschadet wieder frei.

Ich sah sie dort im Meer in großen, durchsichtigen
Blasen, die das Meer zu ihrem Schutz verdrängten,
Sah sie laufen, springen, gehen,
Sah die Blasen sich vereinen, wenn sie sich zu nahe kamen,
Und sich wieder voneinander trennen.

In den Blasen war kein Auftrieb sondern nur die
Hüllen weiteten sich oben sehr und wurden

Bodennah auf angelegten Wegen
Festgehalten oder fest geführt.
Die Wege, die man zu beschreiten hatte, waren
Ausgeleuchtet,
Meerestiere, deren Wege sich mit diesen
Blasen kreuzten, wurden von mir unbekannten
Kräften leicht und sicher abgelenkt.

Es waren Unterwasserspiele in sehr großer Tiefe,
Viele Menschen nahmen daran teil.
Dabei entstanden blitzschnell kaum noch wahrnehmbare neue
Formen, schillerten und flackerten in größter Nähe
Farben auf, die wieder Farbenschatten warfen.
Alles folgte einem Rhythmus leiser Melodien, vielleicht aus Walgesang,
Gespielt auf unsichtbaren und mir nicht bekannten
Instrumenten.

Weit davon entfernt, in einem anderen Bereich der
Unterwasserstadt, entdeckte ich die Vorbereitung einer übergroßen Feier.
Schriften, die ich lesen konnte, kündeten vom
„Tag des wahren Lebens."
Dann, so hieß es, wollte man die Ankunft einer echten Rose, die
Zwei Tage nicht verwelkte, feiern.
Allen sollte sie ein Zeichen sein.
Ich atmete, wohl nur in Sehnsucht und Erinnerung,
Den warmen, süßen Duft.

Als ich zurück in meine Räume kam, erwartete man mich
Und sagte, dass ich heim auf meine Insel sollte.
Es blieb wenig Zeit.
Ich schrieb in Eile alles auf und gab dem Brief die Nummer
Zweiundzwanzig.
Der war aber nicht zu retten und blieb achtlos liegen.
Später, nach der Heimkehr, fand ich einzig noch die
Fessel meiner Hände, ein Stück Nylonband,
Das durchgetrennt in meiner Tasche lag.

Namenlos von meiner Insel, *23. Brief*
Kannst du singen?

Heim auf meiner Insel
Dachte ich nicht mehr an Widerstand,
Ich fand mich ab mit dem, was mir geblieben war,
Und glaubte auch, dass Frieden mir am meisten
Dienen konnte.
Gleich nach meiner Rückkunft,
Hatte ich die Frau, die mich versorgte,
Und die sich vier Männern teilte,
Zu Besuch.
Wir liebten uns,
Doch hatte ich zu wenig Leidenschaft und liebte sie wie eine
Viel zu gute Freundin.
In mir mahnte Vorsicht zu Verhüten, und
Ich wusste nur von einer Weise:
Ganz zum Schluss ließ ich es
Nicht in ihren Körper dringen.
Das bemerkte sie
Und wies mich sanft zurück:
„Die Männer, denen ich mich teile,
Brauchst du nicht zu fürchten.
Das beweis ich dir", und rief nach ihnen.
Wenig später waren sie in unsrem Zimmer.
Mit nur einem Blick von ihr verwandelte sie alle vier zu
Marionetten, die den Kopf, die Arme
Kraftlos hängen ließen.
Dann, als fielen sie aus Seilen,
Klappten sie in sich zusammen.

Ich verstand das nicht und lief aus meiner Wohnung.
Um vielleicht herauszufinden, was um mich herum geschah,
Floh ich ins Freie, doch Erklärung fand ich nicht.
Als ich zurückkam, saß die Frau, die mich versorgte,
Immer noch auf meinem Bett.
Sonst waren wir allein.

Wir schwiegen lange, bis sie eine
Frage stellte:
„Kannst du singen?

Ja, man möchte wissen, ob du singen kannst".
Ich wollte wissen, wer das fragte,
Aber sie beschwor mich,
Dass ich alles sehen und erfahren würde,
Wenn ich mit ihr käme.

Auf der Straße stand ein Fahrzeug,
In ihm saß ein fremder Fahrer, der schon nach uns
Ausschau hielt.
Wir fuhren lange, bis zum Sonnenuntergang,
Und machten Halt vor einem steinernen
Gebäude, einer leeren Schule oder einem alten
Krankenhaus.
Das hatte nur noch rahmenlose Fensterhöhlen,
Türen waren kaum vorhanden,
In den Angeln hingen Reste.
Draußen lauerten zwei Zivilisten,
Die uns bis ins Innere des Hauses führten.
So gelangten wir in einen hohen Raum,
Der spärlich ausgeleuchtet war.
Trotzdem erkannte ich darin sehr viele
Männer mit und ohne Uniformen,
Die auf Stühlen saßen, sich an Wände lehnten
Und auf Tische stützten.
Alle schauten auf bei meinem Eintritt,
So als hätten sie darauf gewartet.

In der Halle sah ich
Köpfe, drei, vier, fünf, sechs, auf dem Boden liegen, ohne
Rumpf und blutverkrustet.
Jeder sah wohl, dass mir übel wurde,
Und man überließ mich kurzer
Augenblicke der Besinnung.

Neben mir bewegte sich ein junger Mann.
Der hielt ein Notenblatt in seiner Hand,
Das übergab er mir.
Ich konnte eine Männerschola,
Die in mittelalterlichem Text geschrieben war,
Mit ihren Noten, gut erkennen.
Alles war verfasst und festgehalten in vier Zeilen.

Niemand hier war also in der Lage
Abzusingen, und ich horchte tief nach innen,
Ein vielleicht verschüttetes Talent in mir zu finden.
Dann trat plötzlich Ruhe ein.
Ich konzentrierte mich nur noch auf meine Sache
Und begann wie einstudiert zu singen,
Ich trug jede Silbe, jedes Wort und jeden Ton
Von Anfang an so deutlich, laut und kräftig wie ich konnte, vor
Und machte schließlich eine Pause, weil das Stück zu Ende war.
Ich wollte neu beginnen.
Doch bevor es dazu kam
Erklang das Lied als Echo von den vielen Männern.
Sie erhoben es zu lautem, donnerndem Gesang,
Das ich erschrak.

Man brachte mich hinaus.
Ich wurde hier nicht mehr gebraucht.
Zusammen mit der Frau, die mich versorgte,
Wurde ich zurückgefahren.

Als wir ganz alleine waren,
Wollte ich ihr Fragen stellen, doch sie legte
Sich ganz kurz den Zeigefinger auf den Mund,
Hob meine Hand und küsste sie.
Das war mir fremd und nicht von mir gewollt.
Sie hatte keine Tränen in den Augen
Sondern einen sternenklaren Blick.
Den hielt sie Wimpernschläge lang
Auf mich gerichtet.

Später schrieb ich alles auf und gab dem Brief die Nummer
Dreiundzwanzig.
Doch ich wusste nicht, wohin damit und überließ ihn
Einem Windstoß, der ihn mit sich
Nahm.

Namenlos von meiner Insel, 24. Brief,
Ein Spion

Auf der Insel ging ich viel spazieren ohne
Je ein grenzenloses Meer zu sehen.
Wasser gab es immer wieder, doch ich sah nur auf die
Fernen Ufer andrer Inseln.

Als es einmal spät geworden war, und ich mich in dem
Himmelblauen, dann azur- und königsblauen Dach
Weit über mir verlor und Träumen nachhing,
Schaute ich direkt in einen Lichtstrahl,
Der war viel zu hell für einen Tagesstern,
Zu grell für irgendeine Flugmaschine und als Zufall
Äußerst unwahrscheinlich,
Denn er kam und schwand, pulsierte ohne jeden Rhythmus,
Und er rückte nicht von seiner Stelle.
Formen waren keine zu erkennen,
Und nach wenigen Sekunden war es schon vorbei.
Zuhause sprach ich mit der Frau, die mich versorgte
Und die sich vier Männern teilte, über das Gesehene.
Sie wusste gleich Bescheid und warnte fast, als sie mir
Sagte:
„..weder Fluggerät noch Stern, das ist ein Lichtschirm.
Der fängt Sonnenwind, so heißt es.
Nur wenn Sonneneruptionen Sturm erzeugen,
Schaltet er sich ab und wird dann sichtbar.
Wer ihn sieht, wird auch von ihm gesehen.
Wer ihn sieht ist ein Spion und wird gefoltert.
Dieser Strafe kann kein Mensch entgehen."
„Was heißt Strafe", fragte ich.
Sie sah mich wissend an und sagte dann:
„Sie lassen dich nie mehr aus ihren Augen.
Überall und jederzeit spürst du, wie sie dich
Überwachen.
Tag und Nacht und beim Intimsten
Schauen sie dir zu.
Du gehst daran zugrunde.
Das Gefühl, dass man dir zuschaut, wird zur Folter."

Dabei dachte ich mir gar nichts Schlimmes

Und ging heim, mich umzuziehen, denn ich war
Verschwitzt.
Nur kurze Zeit danach verspürte ich die größte
Übelkeit, ich musste mich erbrechen,
Und mein Puls ging rasend schnell, dass ich die
Frau, die mich versorgte, rufen musste, mir zu helfen.
Doch sie wusste keinen Rat und brachte mich ins Bett.
Es wurde aber immer schlimmer und ich fasste mit dem
Letzten Willen den Entschluss, mich aller
Kleidung, aller Wäsche zu
Entledigen, und was mich körperlich berühren konnte,
Vor die Tür zu werfen und dort zu verbrennen.

Sie aber hielt mich fest zurück:
„Nicht so!",
Denn sie verstand sehr schnell und schickte die vier
Männer, denen sie sich teilte, los mit einem ganz geheimen
Auftrag.
Als die wiederkamen, trugen sie ein totes Schwein in einem
Sarg, der war noch offen.
Dort hinein verstopften sie die Gegenstände, meine Kleidung,
Bettzeug, und was ich zur Körperpflege nutzte.
Sie verschlossen dann den Kasten
Und begaben sich mit mir im Schlepp,
Ganz eng und nackt an sie geduckt, zum Ufer, wo ich jenes
Licht zuvor gesehen hatte.

Tief in eine Grube, die sie schaufelten
Und die sich schnell mit Wasser füllte,
Legten sie den Sarg und mich für kurze Zeit,
So wie ich war, darauf.

Dann wurde ich mit Tüchern überdeckt, zurückgezogen
Und vom Sarg getrennt.
Es wurde alles wieder eingeebnet, und sie stellten noch ein
Schild darauf:
„Ein Namenloser".
Darauf gingen wir nach Hause,
Doch die Frau, die mich versorgte,
Musste mich noch stützen.
Die vier Männer aber waren fort als hätte Nebel sie verschluckt.

Ich spürte, wie sich mein Gesundheitszustand
Besserte.

Von nun an schaute ich nur noch mit Augenschutz zum
Himmel.

Wieder schrieb ich alles auf,
Und gab dem Brief die Nummer vierundzwanzig.
Diesen legte ich ganz offensichtlich auf den Sand, sehr nah am Sarg,
Und legte einen Stein darauf.
Ich weiß nicht, was daraus geworden ist.

Namenlos von meiner Insel, 25. Brief
BioCurious

Einmal wollte ich die
Frau, die mich versorgte und die sich
Vier Männern teilte, ganz für mich.
Ich spürte Leidenschaft und konnte mir noch
Immer nicht erklären, dass ich ihren
Namen nicht erfuhr.
Mich hatte man zu lebenslänglicher
Verbannung und zu Namenlosigkeit verurteilt
Und auf eine dieser kleinen Inseln tief im Süden abgeschoben.
Ich war schuldlos und sehr oft durch Akte schriller
Willkür zu bedenkenlosem Tun gezwungen worden,
Oft erfuhr ich Hilfe von der Frau.
Doch stets, wenn es mir schien, dass ich vertrauter mit ihr wurde,
Wurde sie in Wahrheit fremder, unnahbarer,
Trotz der körperlichen Zuwendung und Nähe, die wir hatten.

Ich besuchte sie und lud sie ein zu einer
Fahrt entlang der Küstenstraße, wo ich eine
Reihe kleiner Häuser mit Garagen, die oft größer als die
Häuser waren, wusste, und an einigen, so hatte ich gelesen,
Warb man laut mit „BioCurious", was immer das auch war.

Sie kam mit mir und lächelte mich wissend, glücklich an:
„Ich freue mich.

Ich wusste nicht, dass du dich dafür intressierst.“
Das irritierte mich, ich wusste nicht wovon sie sprach.

Wir fuhren, und ich malte mir viel
Zweisamkeit, Beisammensein und Enge mit ihr aus.
Sie lehnte ihren Kopf und ihre braunen
Haare ganz vertraut an meine Schulter,
Und ich sah im Spiegel ihre weichen Locken.
Dann erreichten wir die Häuserreihe.
Hier warb man mit viel zu großen Schriften an fast allen
Häusern und Garagen für das Gleiche:
„BioCurious“.

Wir hielten und entschieden uns zu einem Eintritt.
Drinnen bot man uns als selbstverständliches Willkommen
Zucker an, in Tüten und in aufgelöster Form.
Die Frau an meiner Seite, nahm sofort von dem
Getränk und trank es gierig aus.
Ich ließ mir eine Tüte geben, die ich in die Jackentasche steckte.
Dann begleitete man uns an einen Eingang.

Wir betraten die Garage, Wagen standen nicht darin.
Gleich hinter dieser Eingangstür
Begrüßte uns die Frau die mich versorgte.
Ich stand hinter ihr.
Wir lächelten einander an und ließen uns vorbei.

Die Frau, die mich von Anfang an begleitet hatte,
Übernahm die Führung:
„Wir sind biologische Maschinen und seit neuestem
Veränderbar“.
Sie hob dabei voll Stolz den Zeigefinger über sich.
Ich sah dann Leute, jeden Alters, die sich emsig an
Mechanischen Maschinen, Mikroskopen und sehr vielen
Menschengroßen Gläsern mühten.
Es war alles hell erleuchtet.
„Hier“, so sagte sie noch weiter, „kann ich dir verraten,
Dass wir alle über Notausschalter jederzeit erreichbar sind,
Das macht uns unabhängig, und wir bleiben den
Gesetzen unterworfen.
Wir sind wie normale Bürger.“

Sie ließ mit zufriedenem Gesichtsausdruck
Die Augen auf mir liegen
Und zog mich mit sanfter Hand zu einem Ausgang, der in einen
Wohnbereich entführte.
„Nun sind wir allein und ungestört.
Du wolltest doch mit mir alleine sein".
Erst jetzt sah ich mich in der Liebesfalle, die ich selbst gestellt,
Gefangen.
Trotzdem blieb ich noch bei ihr und ließ sie machen.
Als ich dann an ihrer Hüfte kein Tatoo entdeckte,
War ich meiner Sache sicher,
Und ich fragte: „Wer darf deinen Schalter wie bedienen,"
Daraufhin verlachte sie mich laut:
„Natürlich keine biologischen Maschinen so wie ich.
Das können nur die Echten mit dem bloßen Denken".
Da entschloss ich mich sie abzuschalten,
Und sie fiel als Kartenhaus in sich zusammen.
Auf dem Weg nach draußen ging ich an der
Frau, die mich versorgte und an mir vorbei.
Doch niemand hielt mich auf.
Die Rückfahrt unterbrach ich einmal um mich umzuschauen,
Aber weit und breit war ich allein.

Zuhause ging ich zu der Frau, die mich versorgte.
Sie war auch allein und wusste nichts von meinem
Ausflug.
Sie kam auf mich zu und hatte ebenfalls den langen
Blick auf mich gerichtet.
Sie war etwas aufgeregt, weil ich, so schien es ihr,
Vielleicht um ihretwillen Leidenschaft empfände.
Ja, das gab ich zu und nicht, dass ich nur einen
Blick auf das Tatoo erhaschen wollte.
Es war da.
Doch Leidenschaft empfand ich nicht.

Zurück in meiner Wohnung schrieb ich alles auf.
Ich war bedrückt und hatte keinen Halt gefunden.
Hätte ich mich doch mit allem endlich
Abgefunden, um ein wenig Glücksgefühl zu haben.
Diesem Brief gab ich die Nummer
Fünfundzwanzig und ließ ihn im Zimmer liegen.

Spät, schon in der Nacht, erhielt ich dann Besuch.
Ich machte keine Lampe an.
Es war die Frau, die mich versorgte, und sie legte sich
Zu mir.
Ich dachte nicht an Leidenschaft und war doch voll
Davon, ich wollte nichts mehr kontrollieren.
Nächsten Morgen ging die Frau nach unsrem Frühstück heim.
Von meinem Brief war keine Spur mehr aufzufinden.

Namenlos von meiner Insel, 26. Brief,
Zwillingswesen

Die Frau, die mich versorgte und die sich
Vier Männern teilte, hatte mich zu sich geladen.
Draußen schien die Sonne.

Sie schlug vor, in ein Cafe zu fahren.
Das war schnell zu finden und
Wir fuhren los.
Das Haus mit dem Cafe lag völlig ruhig
In der Seitenstraße und war menschenleer.
Das überraschte mich, weil auch
Bedienung fehlte.
Das jedoch beflügelte die Frau an meiner Seite,
Denn sie kannte sich in allem aus.
Sie setzte sich zu mir an einen
Kleinen Tisch.

Obwohl sie Platz genommen hatte und dort saß,
Stand sie aus ihrem Sitzen auf und ging zur Küche:
„Ich mach uns ein wenig Tee."
Die neben mir blieb weiter sitzen und sah hoch,
Sich selber hinterher.
Sie blickte mich danach aus ihren Augenwinkeln
Und ein wenig von der Seite an.
Wie sie zu mir, so schaute ich zu ihr und ihr
Dann nach.
Das schien sie hier bei mir im Sitzen
Und zugleich auf ihrem Weg zur Küche nicht zu stören,
Und ich schwieg dazu.

Sie kam zurück und goss in meine
Und in ihre Tasse Tee.
Sie fragte, ob ich Zucker wollte.
Die im Sitzen stimmte sich mit einem
Nicken zu.
Der Tee war gut und schmeckte mir nach
Datteln, Feigen und nach Äpfeln.
Die den Tee gemacht und eingegossen hatte,
Setzte sich zurück zu sich in sich,
Sie wurde wieder eins.

Ich holte eine Schachtel, die lag unweit auf dem
Nebentisch.
Darin befanden sich zwei Spiele für Erwachsene.
Wir spielten Brett, doch ich verlor,
Ich konnte mich nicht konzentrieren.

Neben mir, die Frau, sah auf das Brett vor sich
Und hatte ihre Augen auch auf mich gerichtet,
Zwei Gesichter, die ein Ganzes bildeten.
Dass diese Frau sich scheinbar teilen konnte,
Störte mich nicht mehr,
In allem blieb sie mir vertraut.
Sie stand noch oftmals auf und wurde zweifach,
Las in einem Buch auf ihrem Schoß
Und sah zu mir und sprach mit mir.
Sie fand sich selber immer wieder.

Plötzlich sagte sie wie nebenbei:
„Ich scheine nur getrennt und
Scheine nur vereint.
In Wahrheit bin ich eines dieser Zwillingswesen,
Die sich nicht genau zusammenfügen und nicht
Deutlich unterscheiden lassen,
Meine Trennung und Vereinigung
Sind das Bedeutsamste daran".
Sie suchte ihren eignen Blick und stimmte sich
Zufrieden zu.

Ich wollte diese Irrfahrt lautlos

Enden lassen und entschuldigte mich für den
Augenblick.
Ich ging dann ohne Abschied fort und fuhr allein
Zurück.

Ich hielt die Ungewissheit nicht mehr aus und lief
Bei meiner Ankunft gleich zur Wohnung meiner
Nachbarin, der Frau, die mich versorgte.
Die begrüßte mich und fragte:
„Können wir zu Ende spielen?"
Auf dem Tisch erkannte ich das Brett.
Sie sagte dann:
„Du bist nicht konzentriert, du wirst verlieren."

Sie war so wie immer, ging in ihre Küche,
Um uns einen Tee zu machen.
Dann kam sie zurück und goss in meine
Tasse und in ihre davon ein.
Sie fragte, ob ich Zucker wollte.
Dieser Tee war mir Erinnerung.
Er schmeckte gut, nach
Datteln, Feigen und nach Äpfeln.

Später las sie noch in einem Buch,
Das lag auf ihrem Schoß.

Ich konnte mich entspannen
Und verbrachte diese Nacht mit ihr bei ihr.

Zuhause schrieb ich alles wieder auf
Und gab dem Brief die Nummer sechsundzwanzig.
Anderntags lag eine abgestempelte
Kopie auf meinem Tisch.
Der eigentliche Brief war fort.

Namenlos von meiner Insel, 27. Brief,
Der Besuch des Gartens

Der Besuch des Gartens hinter meinem Haus
War streng verboten.
Auch die Frau, die mich versorgte und die sich
Vier Männern teilte,
Hatte mich gemahnt.

An diesem Tag sah ich vor meinem Fenster fremde
Vogeltiere, deren Körper auf zwei
Muskulösen Beinen standen,
Die, mit einem langen Hals versehen, in mein
Zimmer hätten schauen können.
Ihre Schnäbel waren übergroß an sehr, sehr kleinen
Köpfen.
Ihr Gefieder schillerte und irisierte prächtig von
Karminrot über Kobaltblau bis zu Türkis.
Sie schienen mir aus einem Märchen,
So vertraut, dass ich mich für den Augenblick
Als Reiter auf dem Rücken eines dieser Tiere sah.

Voll Neugier öffnete ich beide Fensterflügel,
Und sie stießen gleich die Köpfe mit dem langen
Hals nach drinnen in den Raum.

Es waren drei.

Sie schnappten plötzlich gierig nach den
Gegenständen in dem Zimmer, rissen mir in
Windeseile große Stücke aus der Kleidung.
Dabei sah ich in den aufgesperrten Schnäbeln
Doppelreihen spitzer Zähne,
Die nach vorne und nach hinten standen.
Selber machten diese Tiere kein Geräusch.
Dann sprang von ihnen eines ganz herein,
Und stürmte auf mich zu, vielleicht um mich zu
Töten.
Dabei riss das Tier das ganze Fenster aus dem Rahmen
Und verklemmte sich darin.
Ich lief ins Nebenzimmer und entkam von dort

Durch dessen Fenster in den Garten,
Rannte fort so schnell, soweit ich konnte.

Aus den Augenwinkeln sah ich aber, dass jetzt alle drei in meiner
Wohnung waren.
Sie zerbissen und verwüsteten, was sie mit ihren
Schnäbeln und den Krallen packen konnten.
Dann entdeckten sie mich auf der Flucht.

Ich hörte ihre schnellen Schritte als ein Stampfen hinter mir.
Es war kein Baum in meiner Nähe,
Und ich wusste nicht, ob ich hinaufgekommen wäre.

Ich besann mich auf die Küste,
Die war ziemlich nah, und lief direkt ins Meer.
Die Vogeltiere stoppten ihren Lauf am
Ufer und verfolgten mich mit ihren
Augen und dem Schwenken ihrer Köpfe.
In nicht allzu großer Tiefe blieb ich
Bis zum Hals im Wasser stehen.
So sah ich zu ihnen bis es dunkel wurde.
Sie verließen ihre Plätze nicht.

An einem Jucken auf der
Schulter und dem Rücken spürte ich jedoch,
Dass sich mein Körper langsam aus dem
Wasser schob.
Jetzt kamen auch die Vogeltiere näher.
Ich saß fest auf einer Sandbank,
Und das Wasser ging zurück.
In ein paar Stunden war ich ihnen sicher ausgeliefert.
Gegen Morgen aber war das Wasser wieder angestiegen,
Und sie zogen mit der ersten Helligkeit davon.

Die Angst, die Kälte und das Wasser hatten mich so sehr
Geschwächt, dass ich noch
Stunden wartete und mich erst dann zur
Küste schleppte und zurück nach Haus.

Dort fand ich meine Wohnung völlig unversehrt.
Kein Fenster war zerbrochen, und die

Tür zum Nebenraum war angelehnt.

Ich ging gleich zu der Frau, die mich versorgte,
Um ihr alles zu erzählen.
Meine Kleidung hing in Fetzen und ich
War durchnässt bis auf die Haut.
Das schien sie nicht zu sehen,
Denn sie sprach zu mir als wäre nichts mit mir:
„Die Männer, denen ich mich teile,
Sind dort draußen, um den hochfrequenten
Schutzzaun gegen Bios und die großen Tiere
Wieder einzurichten.
Der war ausgefallen.
Der ist nur zu unsrem Schutz und
Kann uns selbst nicht schaden".
Dann ging ich zurück in meine Wohnung.

Heim in meinem Zimmer
Schrieb ich schließlich alles auf und gab dem
Brief die Nummer siebenundzwanzig.
Der blieb schon am nächsten Tag verschollen.

Niemals sah ich solche Tiere auf der
Insel oder gar in meinem Garten wieder,
Und ich würde auch kein zweites Mal versuchen
Die Erlebnisse der Frau, die mich versorgte,
Mitzuteilen.

Namenlos von meiner Insel, 28. Brief,
Morgen bin ich keine Zeit für dich

An einem Abend hatte ich Besuch von meiner
Nachbarin, der Frau, die mich versorgte
Und die sich vier Männern teilte.
Sie war mir sehr zugetan und weckte, wie so oft,
In mir die Sehnsucht nach Umarmung und nach
Liebe und nach ihrer Weiblichkeit.

Es wurde spät.

Beim Abschied nehmen sagte sie noch:
„Morgen bin ich keine Zeit für dich.‟
Ich sagte:
„…hast du keine Zeit für mich.
Das ist doch nicht so schlimm.‟
Sie aber:
„Nein, dann bin ich keine Zeit für dich.‟
„Du willst verreisen?‟
Ich war neugierig geworden.
„Du verstehst das nicht.
Doch, wenn du willst, besuch mich morgen einfach,
Dann will ich es dir erklären.‟
Damit war sie fort.

Am andren Nachmittag ging ich zu ihr.

Sie saß entspannt auf ihrem Bett und
Bat mich ganz in ihre Nähe, fest an ihren
Arm und ihre Schulter.
Sie erzählte:
„Stell dir vor, dass du den Wurm, der in die
Erde kriecht, aus allernächster Nähe siehst
Und jede der Bewegungen.
Du merkst dir Einzelheiten, Kleinigkeiten,
Auch ein Sandkorn, dass von ihm verschoben wird.
Solange du ihn wahrnimmst, ist er
Teil von deiner Zeit,
Er ist dann Zeit für dich.
Nun stell dir vor, dass du an ihm
Vorübereilst.
Du weißt von seinem Tun und kannst doch nichts
Erkennen.
Nur in diesen kleinen Augenblicken des Erinnerns ist er
Zeit für dich, das ist fast nichts.
Du siehst nicht mehr wie er sich krümmt
Und sich bewegt.
Nun aber stell dir schließlich vor, dass du an ihm in einem
Jet vorüberfliegst.
Da wird das Denken an den Wurm
Und was er machen könnte, unwirklich,
Der Wurm ist nicht mehr Zeit für dich.

Ich werde mich jetzt viel, viel größeren
Geschwindigkeiten anvertrauen und
Sehr großen Räumen wie dem Orbit oder
Übergroßen Zwischenräumen.
Dann blick ich zurück auf meinen
Wurm und was ich sonst noch kannte.
Flüchtigstes Erinnern ist vielleicht was bleibt.
Versuch es auch.
Beginn ganz einfach mit dem
Wurm aus nächster Nähe.
Lehn dich fest an mich."
Nach einer kleinen Pause sagte sie:
„Ich fürchte, du wirst frieren, zieh dich wärmer an."
Ich machte, was sie sagte.

Schon nach kurzer Zeit befand ich mich in einem
Hyperraum, der war gebogen, nah und fern zugleich,
Und nichts bewegte sich in ihm.
Ich hörte auf die Stille,
Alles schien wie zeitlos festgehalten.
Ich befand mich tief in einem Meer, zugleich darüber.
Fische, Pflanzen standen neben mir, verharrten.
Wellenkämme brachen nicht und
Gischt blieb in der Luft.
Dann sah ich Schiffe, die auf Wellenbergen
In Bewegungslosigkeit verblieben.
Meine eigne Zeit schien angehalten.

So kam ich zurück und wusste nicht
Durch welchen Umstand oder Einfluss
Ich die Reise hatte machen können.
Dieser grenzenlose Freiraum,
Nur aus Stillstand und Ereignislosigkeit bestehend,
Wäre mir zuvor in meinem Leben niemals
Vorstellbar gewesen.

Es war weit nach Mitternacht.
Mir schien der Ausflug nur Sekunden lang,
Doch hatte er vom Nachmittag bis jetzt gedauert.

Wie zu Anfang saßen wir noch immer
Eng an eng auf ihrem Bett
Und fröstelten.

Sie unterbrach die Stille mit nur einem Satz:
„Ich bin jetzt wieder Zeit für dich."

Ich wusste nicht mehr viel zu sagen,
Fragen wollte oder konnte ich nicht stellen,
Und ging langsam heim.
Dort schrieb ich alles auf.
Dem Brief gab ich die Nummer
Achtundzwanzig.
Der lag wochenlang auf meinem Tisch,
Dann war er eines Tages fort
Wie all die anderen zuvor.

Namenlos von meiner Insel, 29. Brief,
Schreib mich gut

Ich war sehr viel allein auf meiner Insel,
Und die Frau, die mich versorgte,
Und die sich vier Männern teilte,
War schon wochenlang nicht anzutreffen,
War verschwunden ohne jeden Abschied.

Eines Tages, in den ersten Wochen, fuhr ein Fahrzeug vor,
Dem eine junge Frau entstieg.
Die eilte kurz ins Nachbarhaus,
Dann aber schnell zu mir.
Ich dachte meine Nachbarin wär wieder heim,
Und nahm sie, wegen ihrer Rückkehr sehr erleichtert,
Zur Begrüßung in die Arme.
Den Begrüßungskuss ließ sie ganz ohne Abwehr gerne zu,
Sie klärte mich dann aber auf, sie sei nicht jene
Frau, die mich bisher versorgte,
Sondern sei die Neue.

Sie schien deren Zwillingsschwester,
Ihr in Stimme und in Sprache, in Gesicht und Körperbau,

Frisur der Haare und den Gesten völlig gleich.
Sie wollte mich wie jene andere,
Ganz ohne Unterschied in allem, wie es vorher war,
Versorgen,
Und sie bat mich um mein Einverständnis.

Als ich fragte, ob sie jemand schickte,
Antwortete sie offen „Nein", auch über den Verbleib der Frau,
Die mich bisher versorgte, ließ sie keinen Argwohn zu.
Sie bot mir ihr Vertrauen unaufdringlich an
Und stellte sich mir vor:
„Ich heiße Siolon, das ist ein andres Wort für Glück".
Ich spürte, dass sie ehrlich war und wunderte mich nicht.
Sie wusste, dass ich keinen Namen führen durfte,
Und sie wusste ebenso von der Verbannung.

Sie war ein Geschenk von unbekannter Seite,
Denn schon nach nur einem Tag
Verbrachten wir den Abend und auch bald die
Nächte in Gemeinsamkeit.
Dabei entdeckte sie mein
Schwarzes Pflaster zur Verhütung und zum Schutz
Und lächelte dezent:
„Das brauchst du wirklich nicht bei mir,
Du kannst mir glauben,"
Und entfernte es mit zarter Hand.
Sie roch sehr fein nach Moschus mit
Jasmin im Nachgeschmack.

Von da an liebte ich sie aufrichtig und mehr
Als jene andere und jede andere zuvor,
Denn meine alten Zweifel und die Frage
Ob und wie weit ich Vertrauen schenken oder fassen konnte,
Waren wie verflogen.
Große sehnsuchtsvolle Liebe flammte in mir auf.
In ihren Augen sah ich Herzchen,
Und ihr Lachen war ein süßes
Windspiel aufgehängter Glöckchen.
Ich erlebte eine Märchenfee.

Wir liebten uns und lebten ohne Zeit nur füreinander,

Gingen Hand in Hand und konnten uns von uns
Ganz ohne Angst und Scheu mit Leichtigkeit berichten.
Ich erzählte ihr von meinem ungerechten Urteil
Und dass ich dadurch zum Fremden in der eignen Heimat
Und sie mir, dass sie hier groß geworden sei.
Dass beide Frauen zum Verwechseln ähnlich waren,
War ein Streich des Schicksals,
Den ein Zufall aufgedeckt und der mit großem
Lachen von den beiden aufgenommen worden war,
Als diese nämlich unversehens wie im Spiegel voreinander standen.
Endlich konnte ich dem Urteil über mich die
Sonnenseite abgewinnen.

Plötzlich stand an einem dieser schönen Tage ein
Geparktes Fahrzeug vor der Tür.
Die neue Frau an meiner Seite löste ihre Hand
Mit einem leisen Aufschrei aus der meinen,
Lief sofort dort hin, stieg ein und rief noch:
„Schreib mich gut, du wirst doch alles niederschreiben, oder"?
Doch sie fuhr nicht ab.
So hatte ich Gelegenheit zu fragen, was
Geschehen war, wohin sie fahren wollte.
Nah genug am Fahrzeug sah ich aber keinen Menschen.
Überhaupt erkannte ich, dass dieses
Fahrzeug gar nicht fahren konnte,
Es war demoliert, und selbst die Türen waren nicht zu öffnen.

Als ich suchend um mich schaute,
Stand die Frau, die mich versorgte
Und die sich vier Männern teilte,
Auf der Straße vor der Eingangstür.

Sie kam herüber, sah mir sicher die Verwirrung an.
Dann ging ich wie im Traum mit ihr in meine Wohnung.
Sie sah gleich das schwarze Pflaster
Und roch etwas, das sie kannte,
Denn sie sagte:
„Ach, das Pflaster hast du wirklich nicht
Gebraucht, man hat dir Siolon gegeben.
Das riech ich sofort.
Man wollte dich gesprächig und gefügig machen.

Hoffentlich hast du nicht allzu viel erzählt".
Mein Herz war nur noch Asche,
Und ich hab geweint.

Nach ein paar Tagen hielt ich trotzdem alles wieder fest.
Ich gab dem Brief die Nummer neunundzwanzig.
Den tat ich in einen Schlitz des Fahrzeugs.
Das war schließlich fort.

Namenlos von meiner Insel, 30. Brief,
Sie sind unser Ehrengast

Vier Männer holten mich erneut mit einem Helikopter von der Insel,
Fesselten mich fest an Händen und an Füßen.
Widerstand war völlig zwecklos,
Doch ich wurde nicht betäubt.
Die Frau, die mich versorgte und die sich
Vier Männern teilte,
Sah aus einem Fenster zu.
Ich hatte große Angst, dass man mich einzig holte,
Um mich irgendwo von Bord zu werfen.

Der Pilot hob ab, und niemand sprach mit mir.
Wir flogen sehr, sehr hoch und
Schwebten schließlich über einer Landschaft
Voller Seen und Flüsse, Bergplateaus mit vielem Baumbestand,
Dann über Luxusvillen, über Pools
In aufwendigen Parkanlagen, über großen grünen Flächen.
Unser Landeplatz war hell markiert.
Dort setzte man mich einfach ab
Und schnitt zuvor die Fesseln durch.
Der Kapitän hielt einen Sender in der Hand,
Den gab er mir:
„Du kannst so lange bleiben wie du willst,
Und wenn du diesen Knopf bedienst,
Wirst du von uns zurückgeholt".
Er sprach in meiner Sprache,
Dann war ich allein.

Ich ging auf eines der ganz großen Häuser zu.

Man musste mich erwartet haben,
Denn ich wurde höflich angesprochen,
Ob ich meine Kleidung wechseln möchte.
Dazu wurde ich in einen lichten, aufwendigen Raum geleitet,
Wo zur Auswahl neue Kleidungsstücke hingen.
Dort war auch Gelegenheit zu umfangreicher Körperpflege.
Danach wollte man, dass ich mich der Gesellschaft zeigte.
„Jeder Neuzugang ist uns willkommen,
Alle wünschen Ihnen einen guten Aufenthalt,
Was Sie auch brauchen, halten wir für Sie bereit".
Ich sollte mich bedienen und bedienen lassen.
In dem Haus stand Personal in schlichter Uniform an allen Türen,
Und man half mir umsichtig und
Fragte mich dezent nach meinen Wünschen.

Als ich fertig war, begab ich mich zu einer
Ansammlung von Menschen, nicht sehr weit entfernt von einem
Wasserfall, der schlug hier auf
Und bildete im Wassernebel Regenbögen.
Offenbar war dies der Treffpunkt einer vornehmen Gesellschaft.
Alle waren bestens angezogen, schienen mir die Gäste eines großen
Festes.
Von der Kleidung über Schmuck und die Frisuren
Boten sie ein unaufdringliches und doch auch
Undurchdringliches Erscheinungsbild.
Davor bemühte sich ein Fotograf in emsiger Geschäftigkeit,
Die Posen eines jungen, schöngewachsenen Modelles festzuhalten.
Das war weiß gekleidet,
Stand bedenklich nah am Rand des tobenden Gewässers.
Das Modell trug bodenlangen, schweren Stoff, mit einer Schleppe,
Die schon tief im Wasser hing.
Das sog sich unbemerkt von ihr in ihren Kleiderstoff.
Ich sah, wie es die junge Frau
Behinderte und sie nach hinten zog.
Sie wendete sich um und suchte nach dem Grund,
Verlor jedoch dabei das Gleichgewicht, fand keinen Halt und
Stürzte in das aufgewühlte Wasser.
Sie ging sofort unter, und ich sah sie und die Stoffe in die
Tiefe sinken.
Jemand sagte: „Ah", ein andrer „Oh"
Und eine Frau ganz angetan: „Wie schrecklich schön".

Der Fotograf nahm seine Objektive und Geräte,
Legte sie in Fassungen zurück.
Kein einziger ging an das Wasser,
Um nach ihr zu sehen.
Ich jedoch lief panisch hin und sprang ihr hinterher.
Schon weit, weit unter mir erkannte ich noch einen
Weißen Stoff, doch den erreichte ich nicht mehr.
Ich hatte Mühe mich nun selbst zu retten.
Keiner kam zu Hilfe.
Alle, die zuvor herumgestanden hatten,
Saßen nun auf Steinen oder feinen Stühlen,
Lehnten sich genüsslich gegen irgendetwas,
Hatten Gläser, angefüllt mit sprudelnden und farbigen
Getränken in den Händen,
Schalen, angefüllt mit Obst und Früchten, standen
Auf zerbrechlichen, geschnitzten Dreifußtischen
Zum Bedienen, und man plauderte.

Ich wurde angesprochen, meine nassen
Sachen in der schnell herbeigeschafften, luftigen
Kabine abzulegen
Und mich neu zu kleiden.
Drinnen fand ich alles vor.
Man nahm mir jeden Handgriff ab.
Dicht neben mir vernahm ich dann die Stimme einer Frau.
Sie wollte sich bei mir bedanken.
Das verstand ich nicht, denn das
Modell war sicher tot.
Sie aber sagte:
„Nein, Sie haben uns den Tag gerettet,
Wir sind alle dankbar.
Endlich gab es eine Unterbrechung.
Dafür feiern wir ein großes Fest,
Und Sie sind unser Ehrengast.
Der letzte Neuzugang hat so enttäuscht,
Dass wir uns davon wieder trennen mussten.
Na, Sie haben es ja miterlebt."

Noch in derselben Nacht ging ich zum Landeplatz und
Löste meinen Sender aus.
Ich wurde gegen Morgen abgeholt.

Zurück auf meiner Insel schrieb ich alles auf
Und gab dem Brief die Nummer dreißig.
Der war schon am Tag darauf von meinem Tisch
Verschwunden.

Namenlos von meiner Insel, 31. Brief,
Wären doch Soldaten alle so wie Sie

Die Frau, die mich versorgte,
Und die sich vier Männern teilte,
Schlief mit mir.
„Du brauchst dich nicht zu sorgen,
Denn die Männer bleiben fremd für mich,
Der Umgang, den ich habe, ist ganz anders
Als du denkst".
Ich kannte ihren Namen nicht
Und meinen durfte ich nicht nennen.

Als wir noch beisammen lagen
Fing ich an ihr zu erzählen,
Dass nicht weit von hier ein kleines Dorf
Gebrandschatzt und die Menschen dort von einer
Soldateska massakriert und
Frauen vergewaltigt worden waren.
Vieles davon hatte ich ganz unbemerkt mit angesehen
Als ein Fremder unter Fremden,
Keiner hatte irgendwie Notiz von mir genommen.
Weiter sagte ich zu ihr:
„Von den Soldaten war ein einziger ganz anders,
Denn er half dort einer Mutter,
Der mit ihrer jungen, schönen Tochter,
Etwa sechzehn Jahre, ohne seine
Hilfe nicht die Flucht gelungen wäre",
Und erzählte weiter, dass das Dorf
Verwüstet worden war.
Ich hatte den Verdacht, dass die Soldaten aus dem
Staatsheer stammen könnten und im Auftrag handelten.
Man nannte einen unter ihnen General,
Der scheinbar unbeteiligt und gelangweilt hier und da
Befehle gab.

Er schirmte ganz gezielt die Mutter und die Tochter ab.
Sie konnten so, durch ihn geführt, entfliehen
In ein abgelegenes und dem
Soldaten scheinbar wohlbekanntes Haus.
Die Mutter schien ihn auch zu kennen,
Hielt sich aber sehr zurück.
Ich folgte allen dreien und versteckte mich so gut es ging.
Die Frau und ihre Tochter nahmen
Trost von dem Soldaten an,
Und wähnten sich in Sicherheit, als sie das Haus erreichten.
Die Terrassenfenster ließen sich nicht schließen,
Das gewährte Einblick und Gelegenheit, sie zu belauschen.

Drinnen hörte ich das Mädchen sagen:
„Wären doch Soldaten alle so wie Sie,
Dann würd ich ihnen gerne alles geben
Und mein Herz dazu".
Die Mutter ging ins Nachbarzimmer,
Um das nicht mit anzuhören.

Als sie fort war, ließ der General die Maske fallen:
„Dich nehm ich beim Wort",
Und stieß sie gegen einen Tisch.
Sie schrie kurz auf vor Schreck und Schmerz
Und drehte ihm den Rücken dabei zu.
Da warf er sie mit einem Griff der rechten
Hand in ihren Nacken
Bäuchlings bis zur Hüfte auf den Tisch, und hielt sie
Fest darauf gedrückt.
Sie schrie erneut in Panik und vor Angst.

Er zog ihr mit der freien Hand die
Hosen fort vom Unterleib,
Und weil sie weiter schrie
Und mit den Armen auf die Platte schlug,
Nahm er jetzt seine beiden
Hände für den Nacken.
Plötzlich hörte ich ganz dumpf den Bruch,
Dann war es still.
Der General hielt ein in seinem
Tun und lauschte.

In dem Augenblick trat schon die
Mutter ein und schrie entsetzt:
„Was machst du da, was hast du unsrem
Kind getan.
Was hast du unsrer Tochter angetan".
Sie lief zum Tisch und drehte ihre Tochter um.
Er rief fast leise und doch viel zu laut:
„Ich ahn ja nicht, dass du es bist!
Du hast ein Kind, ist das mein Kind, mein eignes Kind?"
Sie aber sah sich nicht mehr nach ihm um
Und kleidete den regungslosen Körper wortlos wieder an,
Dann stolperte sie aus dem Haus, an mir vorbei.
Sie sah mich nicht.
Es fiel ein Schuss im Hinterzimmer.

Als ich endete, erzählte mir die Frau, die mich versorgte:
„Ja, ich hab davon gehört und von den Toten in dem Haus
Und einer Frau, die man am Kliff gefunden hat.
Sie war gesprungen.
Man vermutet, dass es ein Familiendrama war.
Von einem Überfall durch eine
Soldateska hätten wir bestimmt erfahren".

Da schwieg ich verwirrt, weil mir das nicht die
Wahrheit schien.

An einem nächsten Tag ging ich zu jenem Dorf,
Das ich zerstört gesehen hatte.
Vor dem Dorf auf einer Wiese lag noch immer
Weithin sichtbar qualmendes Gebälk.
Die Häuser aber sahen mir wie über
Nacht von Zauberhand errichtet aus.
An einigen war noch ganz frischer, feuchter Putz.
Zum Zeugnis drückte ich in eine solche
Wand die linke und die rechte Hand.

Es war kein Mensch zu sehen.
Danach schrieb ich alles wieder auf und gab dem
Brief die Nummer einunddreißig.
Den trug ich zurück und legte ihn auf das erloschene Gebälk.

Namenlos von meiner Insel, 32. Brief,
Immer ist der Mensch allein auf dieser Welt

Die Frau, die mich versorgte, und die sich
Vier Männern teilte, war in meiner Wohnung
Als sie seufzte:
„Immer ist der Mensch allein auf dieser Welt."
Das war nicht ihre Art, ich fragte nach, sie
Gab mir aber keine Antwort.
Wenig später machten wir, eng aneinander wie Verliebte,
Eine Ausflug ohne Ziel auf unsrer Insel.
Trotzdem fühlte ich mich fern von ihr, und ihre
Stummheit neben mir, stand zwischen uns.

Wir kamen schließlich an ein
Tal, das strahlte, von der Sohle wie beleuchtet,
Eigenartig blau bis an die Höhe, wo wir uns befanden.
Ich erkannte schnell darin ein Gas, das bis hier oben stand.
Es war sehr klar, fast durchsichtig, geschmeidig schwebend,
Zog in sanften, stillen Wellen über einen
Sandweg, der bergab verlief.
Tief unten waren Häuser, Bäume, Straßen, Türme schemenhaft zu sehen.

Hinter uns erschienen, kaum bemerkt, zwei weiß Gekleidete,
Ein Mann und eine Frau, die kannten sich wohl aus.
Sie meinten, als sie sahen, dass ich zögerte, den
Abstieg durch das Gas zu wagen und bezeugten, dass es
Ungefährlich sei und machten Mut:
„,Wir arbeiten dort unten, wir sind Pfleger.
Was du siehst ist überhaupt nicht giftig oder irgendwie gefährlich."
So ging ich in Neugier los.
Die Frau, die mich versorgte, traute sich nicht recht,
Blieb lieber mit den anderen zurück.

Das Gas war angenehm zu atmen, und es wurde selbstverständlich,
Dass ich nicht mehr daran dachte.
Bis zum Grund des Tales wanderte ich über eine Stunde.
Unten angekommen traf ich keinen
Menschen, sah auch keine Tiere, hörte nur vereinzelte Geräusche.
Eine Turmuhr schlug im Zufall, läutete nicht mehr die Zeit,
Es war als riefe sie nach etwas.

Drüben stand ein Hochrad, an dem pendelten die leeren
Gondeln, ohne Schwung und ohne Schub.

Es wurde später Nachmittag.
Ich sah nach oben in ein scheinbar abendblaues Himmelsdach.
In Straßen und in Häusern gingen nacheinander Lampen an.
In einem großen Haus vermutete ich endlich Leben,
Weil ich Schatten über Fensterscheiben huschen sah und ging hinein.
Dort drinnen standen alle Türen offen.
Durch die Räume schwebten Zeitungen und anderes Papier
Als schwerelose Gegenstände.
Überall entdeckte ich Bestecke, wie für medizinische Behandlung.
Viele Zimmer hatten Betten mit Versorgungsschläuchen,
Waren hell erleuchtet und gewiss seit Jahren nicht benutzt,
Das zeigten schwere Schichten Staub
Und große, hohe Spinnwebnetze ringsherum.
Ich dachte an die beiden Pfleger, die hier ihre
Arbeit hatten haben wollen.

Wieder außerhalb erschien mir, was ich sah, in
Tageslicht getaucht und nicht in Blau.
So gab es letzte Flecken Sonnenlicht in Schatten unter grünen Bäumen.
Kleine Wasserläufe spiegelten die Farben wider.

In der Dämmerung verlief ich mich ganz plötzlich
Und verlor den Rückweg völlig aus den Augen.

Als ich aber einen schmalen Pfad entdeckte,
Brachte der mich vor die Glastür eines Liftes,
Der nach oben, eine Tunnelwand erklimmend, an den
Rand des Tales führte.

Ich war vorsichtig und drückte innen auf den Schalter für den
Aufstieg, der hieß Bergfahrt, dann auf den für
Rückkehr, der hieß Talfahrt, ohne einzusteigen.
Er fuhr an, der Lift verschwand nach oben
Und kam dann zurück.
Nun stieg ich selber ein und fuhr hinauf.

Nach wenigen Minuten Fahrt ging eine Tür in meinem
Rücken auf und gab den Ausgang frei.

Ich ging hinaus und er verschloss sich hinter mir sofort,
Er wurde Teil der Felswand.
Es gab nichts, was irgendwie auf eine Tür gedeutet hätte.

Nicht so weit entfernt sah ich die
Frau, die mich versorgte, angelehnt an einen Baum.

Ich musste an heut Morgen denken,
Wollte ihr vom Tal berichten
Und der Menschenleere, die dort unten herrschte,
Und war voller Sehnsucht.

Sie kam mir jedoch zuvor und sagte:
„Heute konnte man dort unten vieles äußerst gut
Erkennen und sogar die Leute sehen und die vielen Tiere.
Die zwei Pfleger sind dir gleich gefolgt,
Sie mussten ihre Schicht antreten.
Die dort unten haben es nicht leicht, sagt man,
Und eigentlich weiß niemand so genau
Was sie dort machen, auch bei guter
Sicht, kann man das nicht erahnen".

Da ging ich mit ihr als
Fremder unter Fremden durch die Dunkelheit zurück.

Ich schrieb mir später alles wieder auf
Und gab dem Brief die
Nummer zweiunddreißig.
Den ließ ich an einem schönen Sonnentag,
Gefaltet, dass er segeln konnte,
Talwärts gleiten.

Namenlos von meiner Insel, 33. **Brief**
Nachts lieg ich an seiner Seite

Die Frau, die mich versorgte,
Und die sich vier Männern teilte,
War mit mir auf einer Wanderung,
Die uns in Richtung Inneres der Insel führte.
Dabei sagte sie fast nebenbei:
„Ich nehme mir die nächsten Wochen frei.
Ich will mich um die Männer kümmern,
Denen ich mich teile", und
„Es ist nicht wie du denkst".

Obwohl sie niemals ihren Namen nannte
Und auch keinen Anspruch auf mich geltend machte,
Wurden mein Gefühl für sie und dass wir
Liebe miteinander haben konnten,
Sehr enttäuscht.
Sie sagte noch: „Sie wohnen oben in den Bergen,
Und ich bleibe jeweils eine Woche".
Das schien mir zu lange, doch ich schwieg dazu.
Sie nahm mich wie zum Abschied in die Arme,
Und ich machte mich noch vor ihr auf den
Weg nach Hause.

Ich ging anders heim als wir gekommen waren
Und gelangte an ein Grundstück,
Dessen Tore offen standen und mit einem
Schild zur Einkehr und in ein Museum luden.
Ich war intressiert und ging die lange
Auffahrt bis zu einem Haus, das einsam stand, im
Mauerwerk verfallen, angegriffen war,
In anderen Details jedoch noch herrschaftliche
Farbenpracht entfaltete und Steinfiguren in versteckten
Nischen zeigte, aufgestellt auf Simse, die weit vor die Wände reichten.

Um zu läuten, musste ich an einem Drahtseil vor der
Ornamentverzierten Eingangspforte ziehen,
Und, als hätte man dahinter nur auf mich gewartet,
Öffnete sich gleich die schwere Tür.
Es streckte sich mir einzig eine Frauenhand entgegen.

Diese bog sich wie zum Handkuss leicht herab, als
Blasses Schiffchen, dessen Segel sich verbargen.
Ich bediente mich und nahm die
Frau mit aufgestecktem Mähnenschopf dahinter wahr.
Sie war noch jung, dass ich nach ihrer
Mutter fragen wollte, aber sie zog mich, vertraut,
Voll Anmut und in Gastlichkeit, ganz sanft ins Haus,
Dass ich bei ihrem mädchenhaften Charme
Nur noch dies eine Wesen sehen wollte.

Drinnen, schon im Flur, begann sie zu erzählen,
Dass sie hier mit ihrem Mann gelebt und beide voller
Hoffnung eine Zukunft hatten finden wollen.
Ihre Liebe war jedoch ein Bett der Ahnungslosigkeit
Aus dem sie schrill gerissen wurden,
Als ein militärischer Konflikt, von weit her kommend
Sich als Flächenbrand auf Haus und Hof ergoss.
Sie hatten nie davon gehört, und diese
Dinge waren ihnen nicht bewusst gewesen,
Die Gefahren nicht bekannt.

Ich fühlte mich sehr schlecht bei ihrer
Schilderung, nicht nur, weil die Erzählung mich berührte,
Sondern schlimmer, weil ich meinen Blick nicht von ihr lassen konnte,
Nicht von ihrer engen Taille und nicht von den Linien, die ihr zarter
Körper durch das Kleidchen drückte.
Von dem Bild besessen wünschte ich mir
Augenblicklich Kohle und Papier
Und dass sie mir Modell gesessen und gestanden hätte.

Wir gelangten in ein großes Zimmer, an ein
Fenster, davor stand ein Mann:
„Das ist mein Mann.
Hier wurde er erschossen, denn er wollte alles sehen,
Als die draußen waren.
Er ist jetzt aus lebensechtem Material gefertigt,
Weil wir ein Museum sind.
Ich habe ihn noch viele Male,
In der Küche und im Bett, im Keller,
Überall, wo er sich gerne aufgehalten hat".
Sie zeigte mir das Doppelbett,

Er lag darin: „Und nachts lieg ich an seiner Seite".

Durch ein Fenster blickte ich noch einmal auf das
Schild zur Einkehr und erfragte eine
Möglichkeit der Unterkunft.
Sie gab mir Antwort, aber meine Suche war umsonst.
Ich kam zurück und läutete erneut.
Als niemand kam, schob ich die angelehnte Pforte
Einfach auf und ging bis in das Zimmer.
An dem Fenster stand der Mann und diesmal neben ihm
Die junge Frau, wie er aus lebensechtem Material gefertigt.
Beide hatten Schussverletzungen im
Kopf und an der Brust.
Die Fenster waren nicht zersplittert, aber Einschusslöcher zu erkennen.

Ich ging weiter und sah beide wie lebendig, unbewegt
In ihrer Küche, unbekleidet in dem Badezimmer, dann
In ihren Betten.

Über allen Gegenständen, auf den
Tüchern, Teppichen und an den Wänden lag und hing ein feiner
Aschestaub wie von weit her geweht.

Von da an hielt ich mich versteckt auf meiner
Insel, bis die Frau, die mich versorgte, wieder eintraf.
Sie war völlig unbesorgt und sagte, dass sie und die Männer
Sanitätsdienst hatten leisten müssen.
Das beschämte mich.
Sie sagte auch: „Das Haus, von dem du mir erzählst,
Ist schon vor Jahren abgerissen worden, und die jungen
Leute wurden dort begraben".

Trotzdem schrieb ich alles auf
Und gab dem Brief die Nummer dreiundreißig.
Den vergrub ich auf dem Grundstück wie auf einem
Friedhof.

Namenlos von meiner Insel, 34. Brief
Meine Lust zu malen

Die Erlaubnis des Gerichtes,
Mich mit namenlosen Briefen an die Außenwelt zu wenden,
War ein Zugeständnis, das sofort Verdacht in mir erweckte.
Niemand würde die je zu Gesicht bekommen,
Ja, man gaukelte mir einen letzten Hauch von
Freiheit, Freiraum in Verbannung vor
Und suchte mich so auszuhorchen.

Alles aufzuschreiben war gefährlich, und ich wusste das,
Und ich schrieb gerne.
Meine Lust dazu wich aber eines Tages einer Tapferkeit.
Ich wurde völlig unerwartet von dem
Wunsch, zu malen und mich bildlich mitzuteilen, überrascht.
Ich hatte weder Pinsel, Staffelei noch Farben.
Doch ich spürte Eifer.

Um die Sache richtig anzugehen
Brannte ich mir Kohle, und statt einer
Leinwand und der Staffelei benutzte ich vom
Speicher einen Teil der Wandverkleidung meines Zimmers, eine
Holzspantafel, die sich förmlich anbot.
Eigelb, rote Läuse, brauner Wurzelsaft, gekochter Tee,
Besonders gelber Blütenstaub, ganz fein zerriebene,
Sehr weiche Steine, weiß und grün,
Ergänzten die Palette meiner
Möglichkeiten, Farben mit zerfetzten
Stoffen, die ich rollte, aufzutragen.

Mit der Frau, die mich versorgte, und die sich vier
Männern teilte, sprach ich über meine Absicht.
Sie durchschaute meinen Plan sofort und sagte:
„Ich bin nur bereit als Rückenakt Modell zu sitzen
Und vielleicht noch Kopf, Gesicht und Oberkörper im Profil.
Das ist geheimnisvoller als ein reiner Akt."
Das war mehr als ich wünschen durfte.
Andrerseits war sie sich ihrer weichen
Schultern und des schlanken, langen Halses sicher.

Als sie meine Farben sah, erstaunte sie und
Hielt die für Geheimniskrämerei:
„Ich weiß, dass manche Künstler ihre Farben selber mischen".
Danach stand sie mir Modell.
Sie hatte viel Geduld und brachte offenbar Erfahrung mit,
Denn ihre Körperhaltung blieb stets gleich,
Und sie verzichtete darauf, sich zwischendurch den
Fortschritt meiner Arbeit anzusehen.

Ihre Pose war sehr raffiniert und brachte
Spannung durch Verstecken und durch wenig Zeigen.
So hielt sie den rechten Arm zwar angewinkelt vor den Bauch,
Gleichzeitig aber seitlich einen Spalt breit ab vom Körper, dass die rechte
Brust im Ansatz und dem Übergang zum Oberkörper
Durch zwei Blitze weißen Lichtes deutlich wurde.
Als Betrachter meinte man, sie fast von vorn zu sehen.

Tag für Tag stand sie für mich,
Und ich, in ihrem Rücken, schuf mir eine eigne Welt.
Ich änderte an Strichen und den Farben,
Die mir gute Dienste leisteten.
Der Rückenakt verlangte schließlich nach
Umarmung und ich fügte Landschaft, Blumen und ein
Sonnendach hinzu und gab der Arbeit einen Namen.
Dann hielt ich sie für beendet und die Frau, die mich versorgte,
Warf das erste Mal, verhalten und auch neugierig,
Den Blick darauf.
Sie zeigte sich zufrieden, gab trotzdem noch ihre
Meinung frei, die mich zu Nacharbeiten zwang.
Sie wollte, dass die Farben stärker, die
Strukturen auch in größerer
Entfernung vom Betrachter deutlicher
Erkannt und wahrgenommen werden könnten.
Sie verstand etwas von Malerei, das sah ich ein, ergänzte was sie meinte
Und beendete danach erleichtert das gemeinschaftliche Werk.
Am nächsten Morgen schauten wir noch einmal auf das Ganze.
Um uns zu erholen, machten wir dann einen Fußweg an die Küste.
Hier war Ruhe, kaum ein Lüftchen wehte,
Und das Meer war spiegelglatt.
Ich ging ins flache Wasser und sah Fische darin schwimmen.
Weiter draußen fiel mir etwas Buntes unter Wasser auf.

Es schien dort halb zu schwimmen und halb abzusinken.
Plötzlich schrie ich aber auf, es stockte mir das
Herz, als ich mein Bild erkannte.
Es schien mir im ersten Augenblick dort zu ertrinken,
Meine Farben hätten das nicht überstehen können,
Und ich ging, um es zu retten, es herauszuziehen.
Doch es war nicht meine Spanholzplatte, die ich packte,
Sondern nur ein übergroßer Bogen aus Papier
Darauf der „Rückenakt mit Landschaft",
Wie das Bild nun hieß.

Die Frau, die mich versorgte, kam zu mir.
Ich hielt den Bogen hoch, das Wasser tropfte ab.
Die Farben waren unversehrt.
Sie rief:
„Das ist ein Flyer, sicher nicht der einzige.
Es sind bestimmt noch Hunderte im Wasser.
Möglich, dass man aus Versehen welche machte,
Und die gar nicht haben wollte.
Die sind dann ins Meer geworfen worden.
Sehr wahrscheinlich aber hat man dir das echte
Bild auch noch entwendet, und es ist jetzt in
Gefangenschaft, man hat es weggesperrt".

Zuhause angekommen, war das Bild tatsächlich fort.
Stattdessen fand ich eine Staffelei, gerahmte Leinwand,
Feinste Zeichenkohle neben Farben, Pinseln und Paletten vor.
Ich musste mich erbrechen.
Meine Lust zu malen war zerstört und mir genommen.
Ich schrieb trotzdem später alles wieder auf
Und gab dem Brief die Nummer vierunddreißig.
Den versenkte ich, mit einem
Stein beschwert im Meer.

Namenlos von meiner Insel, 35. Brief
Neues aus der Wissenschaft

In meinem Zimmer hing ein Spiegel,
Eingefasst in goldverziertem Rahmen,
In der Größe meines Oberkörpers.
Es war mir bis jetzt nicht aufgefallen,
Dass ich mich darin nicht sehen konnte.
Erst die Frau, die mich versorgte und
Die sich vier Männern teilte,
Und die sich darin betrachten wollte,
Wandte sie sich mir zu und sagte:
„In dem Spiegel seh ich fremde Menschen,
Fremde Köpfe und Gesichter, die sich frei
Bewegen, nur nicht mich.
Was soll das, ist das Elektronik oder Spionage oder sind das Filme.
Stimmen hör ich keine".
Ich war irritiert und sah nun selbst hinein.

Es war schon Jahre her, seit man mich namenlos
Und fern von meiner Heimat auf dies Stückchen Fels im Meer verbannte
Und mich käfiggleich und ohne jede Schuld darauf gefangen setzte.
Niemand gab sich mir als wahrer Ansprechpartner zu erkennen, und die
Willkür unberechenbarer Obrigkeit brach zu oft
Unversehens über mich herein.

Ich ging, um mich das erste Mal bewusst im
Spiegel wahrzunehmen und fand mich sehr alt geworden.
Ich erschrak darüber und erkannte mich fast selbst nicht wieder.
Wollte sie mir das auf diese Weise sagen?
Ich betrachtete mich nah am Glas und stieß mit meiner Stirn dagegen.
Noch im selben Augenblick entwich mein Spiegelbild und machte
Platz den Menschen, die die Frau zuvor vielleicht gesehen hatte.
Ich bemerkte, dass der Spiegel sich zu einer
Doppeltür erweiterte, dann öffnete und mich hindurch ließ.
Wie im Abschied warf ich einen Blick zurück und sah die
Frau, die leicht gebückt, in Regungslosigkeit verharrte,
So als raste ich mit übergroßer
Schnelligkeit und doch im Stillstand von ihr fort.
Sie konnte mir nicht folgen.
Dessen ungeachtet hörte ich sie auf der andren Seite sagen,

Dass ich mit ihr kommen sollte.
Sie war drüben, ebenso wie ich.
Sie schien zutiefst bedrückt.

Sie war mir mehr als eine gute Freundin,
Und wir hatten uns schon oft geliebt.
Dagegen blieb sie mir nun fremd und war doch sanft,
Als sie mich an der Hand ergriff, um mich zu führen.

Wir gelangten über eine breite Straße mit vielspurigem Verkehr.
Das alles konnte nicht auf meiner Insel sein.
Ich wähnte mich auf Festland.
Menschen eilten hin und her und schienen feste
Ziele zu verfolgen.
Einige versammelten sich einem
Hochhaus gegenüber auf der andren Straßenseite.
Dorthin gingen wir.
Die Leute schauten wie gebannt nach oben, so als gäbe es am
Dach des hohen Hauses etwas zu entdecken.
Ich war neugierig und tat wie sie.
Da löste sich die Hand der Frau aus meiner.
Mit dem Rücken wischte sie sich Tränen von der Wange.
Das verstand ich nicht und fragte vorsichtig:
„Warum? Du weinst? Was ist?"
Sie legte mir den feuchten Finger auf den Mund
Und ging nach drüben in das Haus.
Ich blieb zurück.

Nach wenigen Minuten wollte ich sie suchen
Und sah noch ein letztes Mal zum Dach.
Da sah ich sie alleine oben auf der
Brüstung stehen, und sie machte ohne das geringste
Zögern den verhängnisvollen Schritt ins Nichts.
Sie stürzte lautlos in die Tiefe.
Meinen Aufschrei unterdrückte ich mit beiden Händen vor dem Mund,
Und als sie aufschlug, hielt ich mir die Ohren zu.
Es drängte mich, zu ihr zu laufen.
Aber neben mir hielt jemand seine
Hand auf meine Schulter und mich leicht zurück:
„Das ist bestimmt nicht gut, Sie sollten das nicht tun."
Da blieb ich hier und sah nach wenigen Minuten Helfer einer Ambulanz,

Die sie in ein Behältnis legten,
Dann in einen weißen Wagen luden und sie mit sich nahmen.

Ich war schwer geschockt, sah keinen Grund
Und konnte nicht verstehen was geschehen war.
Nicht einmal weinen konnte ich,
Die anderen, die dieses Unglück mit gesehen hatten, gingen
Langsam auseinander.
Ratlos und verstört fand ich den Weg zurück
Und stieß sehr schnell auf jene Doppeltür, die auf der andren
Seite Glas gewesen war.
Sie ließ sich öffnen und ich ging hindurch.
In meinem Rücken schloss sie sich jedoch sofort
Und gab den Spiegel wieder frei.
Ich sah hinein und mich darin wie jeden Morgen,
Wenn ich mich rasierte.
In dem Spiegel sah ich auch die
Frau, die mich versorgte und die sich vier
Männern teilte, auf dem Sofa liegen.

Sie war nicht erstaunt und fragte, was geschehen sei:
„Du warst so plötzlich aus dem Zimmer".
Ich war drauf und dran ihr alles zu erzählen.
Doch sie selber wusste etwas:
„Man berichtet Neues aus der Wissenschaft.
Es ist jetzt möglich, lebende Personen über weite Strecken, ohne jeden
Zeitverlust zu transportieren.
Dabei sollen sie die Räume wechseln können
Und als vollständig perfekte Spiegelbilder existieren".

Da behielt ich das Erlebte ganz für mich und sagte nichts.

Ich war danach allein und schrieb mir alles wieder auf.
Ich gab dem Brief die Nummer fünfunddreißig.
Der hing über Tage angeheftet an dem Spiegel,
Bis er irgendwann verlorenging.

Namenlos von meiner Insel, 36. Brief
In einem sogenannten Notfall

Eines Tages standen Männer vor der Tür, ein Fahrer in Zivil
Und zwei Bewacher, die verschleppten mich erneut.
Von meiner Nachbarin, der Frau, die mich versorgte,
Und die sich vier Männern teilte, kam Beruhigung,
Denn sie empfahl mir mich zu fügen, mich der Sache ganzen Herzens
Anzunehmen, als man mich in meiner Sprache wissen ließ,
Dass ich für eine Reise in den
Orbit vorbereitet werden sollte.
Das verstand ich nicht, weil ich mich stets für
Unsportlich und untrainiert gehalten hatte,
Ich verstand jedoch sofort, dass nur ein simpler
Grund auf mich die Auswahl hatte fallen lassen können:
Eine Reise ohne Wiederkehr stand mir bevor.
Die Toten hätte ich niemals gefürchtet,
Sicher aber waren einige von ihnen oben auf der Bahn,
Und denen wollten mich die Lebenden nun näher bringen.

Fast den ganzen Tag verbrachte ich in einem Fahrzeug,
Nur begleitet von den Leuten.
Das Gefährt, in dem ich saß, fuhr dann direkt zu einem
Flugzeugkörper, der mir übergroß erschien.
Ich wurde dort an einem Eingang abgesetzt
Und meinem Schicksal überlassen.
Niemand folgte mir.
Ich ging hinein und war in einem großen, runden
Raum und sah mich um.
Von hier aus konnte ich nur einen kleinen Ausschnitt überblicken,
Darin waren Treppen, die nach oben führten.
Fenster waren zwar verdunkelt,
Doch der Raum war hell erleuchtet.
Nacheinander zählte ich weit über zwanzig hilfsbereite
Stewardessen, die sich ganz dezent um jeden kümmerten.
Ich hörte keinen Triebwerklärm, und die von mir vermuteten
Geräusche von Motoren waren nur sehr schwach.
Mir wurden Sitzgelegenheiten angeboten, die ich in dem großen
Raum, mit bunten Sesseln, farbenfrohen Teppichen, mit
Tischen und Getränkeständen, allesamt aus edlem Holz gefertigt,
Wie auf einem Luxusschiff, in Anspruch nehmen konnte.

Die Maschine hob dann scheinbar senkrecht ab
Und ging in einen Steilflug über.
Hier im Flugzeug gab es viele Passagiere,
Frauen, kleine Kinder und vereinzelt Männer.
Niemand wurde angeschnallt,
Es konnte jeder sich bewegen, wie es ihm gefiel, wohin er wollte.
Alle wurden ganz persönlich und sehr
Freundlich, aufmerksam und umsichtig betreut
Und über alles Maß, fast liebevoll, verwöhnt.
Man gab uns weiche Kleidung, eigenartig feste Schuhe,
Fragte jeden vor der Mahlzeit nach den Wünschen und erfüllte die.
Dabei vernahm ich völlig unbekannte Sprachen
Und sah Speisen, deren Ursprung ich nicht deuten konnte.

Dieser erste Teil der Reise währte wohl drei
Stunden, und wir flogen in sehr großer Höhe,
Das gab man auf einem Lichtband, das den
Raum durchquerte, an.
Die dort gezeigten Dimensionen hatte ich zwar nie gehört,
Trotzdem verstand ich, dass wir außerhalb der
Erdanziehung waren, unsre Schwerkraft aber beibehielten.
Plötzlich nahm ich wahr, wie die von mir vernommenen
Geräusche ganz verstummten.
Danach wurden Fenster und die
Seitenwände automatisch fortgenommen.
Schwaches Licht von draußen fiel herein.
Die Reisenden und ich erfassten diesen Augenblick
Als große Sensation.
Wir alle schienen wie barrierefrei ein
Teil der Außenwelt und waren doch im Fluggerät.
Das Licht kam von der Sonne, die sehr klein geworden war.
Die Erde stand als weit entfernter, blauer
Ball mit weißen Feldern tief im schwarzen Raum,
Der war milliardenfach durchstochen von dem Lüsterglanz des
Perlennetzes einer weit entrückten Haarpracht.
Links verschmolz ihr Rand darin mit einer schmalen Schattensichel.
Es war mir ein kristalliner Anblick,
Der statt Ruhe Stille brachte und Erhabenheit, die ich sonst nur
Beim Anblick großer Bergmassive unter Eis verspürte.
Ja, es überkam mich eine ungewollt erfüllte und wie unter
Pein erlittene zugleich geschenkte Dankbarkeit in Demut,

Die mich ratlos, beinah hilflos machte.
Dieser zweite Teil der Reise ließ mich zu den
Auserwählten Menschen werden, denen sich das
Glück an ihre Fersen heftet, ohne dass sie etwas dafür tun.
Das tat unendlich gut.

Der Rückflug dauerte ein wenig länger und war lautlos wie zuvor.
Man holte mich am Bahnsteig wieder ab und fuhr mich heim.
Es wurde nicht mit mir gesprochen.

Als ich nach zwei Tagen spät auf meiner Insel eintraf, ging ich
Zu der Frau, die mich versorgte und erzählte ihr begeistert
Von dem Flug, dass ich dort Einzigartiges erlebt
Und ihn von vornherein ganz falsch beurteilt hatte,
Dass ich mich besonders ausgezeichnet glaubte.
Ihre gutgemeinten Worte klangen noch in meinem Ohr.
Sie aber sah mich an, als
Wüsste sie nicht wie sie es mir sagen sollte.
Es verging viel Zeit bis sie mehr flüsterte als sprach:
„Auf diese Reisen werden immer wieder
Ahnungslose einfach mitgenommen,
Manchmal dann missbraucht in einem
Sogenannten Notfall für Organentnahme."

Darauf wurde ich ganz still und die
Gefahr, in der ich mich befunden hatte, wurde mir bewusst.
Sie hatte recht, es gab nur diesen einen Grund für meine Auswahl,
Und ich fühlte mich zutiefst gedemütigt.

Nach einer Woche schrieb ich trotzdem alles wieder auf
Und gab dem Brief die Nummer sechsunddreißig.
Den verklebte ich ganzflächig mit der Zimmerwand,
Doch schon andren Tag war er verschwunden.

Namenlos von meiner Insel, 37. Brief
Gerne hätte ich ihr das geglaubt

Es überkam mich große Sehnsucht nach der
Frau, die mich versorgte und die sich
Vier Männern teilte.
Es war spät am Tag, ich wollte sie besuchen,
Ging und klopfte an die Tür.
Sie öffnete und freute sich verhalten,
Bat mich aber trotzdem in ihr Zimmer.
Sie war nicht allein.
Es saßen die vier Männer völlig teilnahmslos auf
Stühlen und auf einem Sofa, ohne sich um mich zu kümmern.
Sie verstand sofort, dass mein
Besuch nur ihr alleine gelten konnte,
Und sie sagte mit normaler Stimme:
„Tu doch so, als wären sie nicht hier.
Es gibt sie gar nicht in dem Raum."

Sie hatte einen frischen
Blumenstrauß auf ihrem Tisch, den traf das Licht der Abendsonne,
Dass er noch in Gelb und Grün, Orange und Weiß erstrahlte.
Daraus zog sie eine gelbe Blüte, deren
Duft verbreitete sich bis zu mir.
Sie schob den Blütenstengel vorsichtig ins
Braune Haar, das glänzte leicht und hing weit über ihre
Schultern, fiel in festen Locken auf den Rücken.
Ihre Augen wandte sie zu einem großen Spiegel,
Ging dort hin und sah sich an.
Ich stand nun hinter ihr.
Mit leichtem Zucken einer
Augenbraue fragte sie mich etwas, was ich nicht erriet,
Es war fast wie die Bitte um Erlaubnis.
Ich trat dicht an sie heran und rätselte
Was sie wohl meinte, das ich ihr gewähren sollte,
Und was nicht schon längst mein eigner tiefer
Wunsch an sie gewesen wäre.

Dann erfasste sie, mit ihren Händen rückwärts tänzelnd,
Meinen Kopf, umschlang ihn liebevoll
Und beugte mein Gesicht zu sich herab.

Ich aber streifte ihr das dünne Hemdchen und das
T-Shirt hoch bis zu den Schultern.
Ihre Hände zogen alles über Kopf und Haar.
In ihrem Rücken ließ ich eine kleine
Schnalle aus den Häkchen springen.
Sie sah nun mit mir auf sich,
Die fein gebräunten Arme hielten, für
Sekunden vor der Brust verschränkt, die Kleidung.
Doch dann ließ sie alles fallen, drehte sich in meinen
Armen um zu mir und öffnete mein Hemd.
Sie ließ sich Zeit.
Ich küsste ihre Haut wo ich sie fand,
Und sie entwand sich nicht.
Wir legten unsre letzten
Kleidungsstücke ab und gingen auf ihr Bett.
Sie streckte sich und schloss die Augen.
Lange lagen wir so neben uns und
Waren frei, ein jeder an dem anderen.
Ich sah ganz kurz ins Zimmer zu den Männern,
Ob ich mich durch sie nicht nur gestört, vielleicht sogar
Bedroht gesehen haben müsste.
Doch die waren wie zuvor nur Gäste, die auf
Gar nichts warteten.
Ich gab mich neu der weichen, warmen Haut
In einem Liebesspiel mit vielen Küssen hin,
Bedachte dabei auch sehr flüchtig jenes
Kleine, schwarze Pflaster, zur Verhütung und zum Schutz.
Das wollte ich vermeiden,
Weil mich nichts mehr stören sollte.
Doch sie hielt es schon als Fähnchen in der
Hand und führte es vorbei an ihren Lippen,
Angereichert mit ein wenig ihres Speichels, dass es sich
Als hingehauchter Kuss auf meinem
Unterleib vorübergehend implantieren konnte.

Ich gestand ihr mehrfach meine Liebe, aber ihren
Namen wusste ich noch immer nicht.
„Den wirst du erst erfahren, wenn ich deinen weiß".
Sie wusste, dass man mich zur
Namenlosigkeit verurteil hatte,
Und kein Name konnte deshalb richtig sein.

Aus Spaß ließ sie mich trotzdem raten, das blieb aber nur ein
Necken, ohne dass ich schlauer wurde.
Ich erfuhr auch nicht, ob sie mich liebte,
Denn das wagte ich sie nicht zu fragen.
In dem Augenblick jedoch, als wir uns
Liebten, sagte sie:
„Ich lieb dich auch", und wiederholte diesen
Satz so oft, bis er in Schluchzen überging.

Die Männer blieben ungerührt und gaben kein
Geräusch von sich.

Wir hatten stundenlang zusammen
Eng an eng gelegen und uns viel berührt
Und unsre Liebe wiederholt.

Als ich am frühen Morgen heim in meine
Wohnung gehen wollte, fragte sie:
„Wie geht es dir".
Ich sagte:
„Gut, sehr gut.
Ich lieb dich immer noch und immer wieder neu".
„Dass du mich liebst, hör ich sehr gerne und ich glaube dir.
Ich bin mir aber sicher, dass es dir nicht gut geht
So wie du behauptest.
Meine Liebe in Gesellschaft der vier
Männer ist dir fremd geblieben, und sie haben dich gestört.
Vielleicht verstehst du eines Tages selbst,
Dass sie nicht wirklich hatten existierten können".
Gerne hätte ich ihr das geglaubt.

Nach Tagen schrieb ich alles wieder auf
Und gab dem Brief die Nummer siebenunddreißig.
Den gab ich ihr später unverschlossen, dass sie alles lesen
Konnte und verlangte ihn von ihr auch nicht zurück.

Namenlos von meiner Insel, 38. **Brief**
Es war nicht Platz genug in mir

Tagelang empfand ich mich von
Blank poliertem, dünnstem Glas umhüllt, in dauernder
Gefahr, es könnte jemand seinen
Fingerabdruck darauf hinterlassen oder nur ein
Tropfen seine lange Spur.

In dieser Zeit erreichte mich Musik, die wehte aus dem
Fenster eines der Gebäude ganz in meiner
Nähe bis hierher in meine Zimmer.

Die Musik klang fremd.
Es schien als ringe sie mit Ritual und Tradition
Vielleicht erfüllte sie den Wunsch nach
Lebenslust in unbekannter Art.
Es wurde dabei nicht gesungen sondern
Instrumente, wie Bandoneon, Klavier und
Violine spielten konzertant und zögerlich und
Leidvoll, immer wieder neu, sehr lange
Melodien.
Sie schienen sich zu unterstützen und sich zu ergänzen.

Ich bedachte mich in meinem
Glasgebäude, wusste nicht ob es mit mir darin
Gut gehen konnte oder ob es reißen würde.
Ich ging vor die Tür, vielleicht nur um
Gewissheit zu erhalten.
Da kam unerwartet meine Nachbarin, die
Frau, die mich versorgte und die sich
Vier Männern teilte, auf mich zu.
Sie schien das, was ich hörte, gar nicht wahrzunehmen,
Denn sie hatte ihre eignen
Instrumente auf den Lippen,
Hatte etwas auf dem Herzen und auch nicht.
Sie sprudelte heraus:
„Ich liebe diesen Tag und weiß doch nicht warum,
Ich liebe dieses Leben und ich möchte weinen.
Ich weiß nicht wohin damit,
Ich bin allein, auch wenn ich nicht alleine bin."

Ich sagte:
„Hörst du die Musik, die kommt von drüben, aus dem großen
Haus.
Vielleicht wird dort gefeiert und getanzt"
Sie aber hörte nichts und sah nicht hin,
Und ich verstand sie nicht und doch auch gut.

Ich wollte ihr vom gläsernen Gefühl
Erzählen, das von mir Besitz ergriffen hatte,
Ließ es aber sein und fragte:
„Brauchst du Trost"?
Ich hätte sie in Pflege nehmen können
Doch es war nicht Platz genug in mir für ihre
Wünsche oder Sehnsüchte.
So wurde sie für mich die Hand, die ihren Abdruck
Auf mein Glasgebäude drückte, die es ohne
Willen springen und zerbrechen ließ.

Sie sah, dass etwas in mir riss,
Und bot mir schnelle Hilfe an:
„Was ist, kann ich dir helfen,
Oder etwas für dich tun"?

In meiner hoffnungslosen, aussichtslosen
Lage, erst zum Tod verurteilt,
Dann in Namenlosigkeit verbannt auf diese
Insel, konnte keine Hilfe Hilfe sein.

Die Scherben aber fielen nicht auf mich,
Sie trieben langsam weit hinaus,
Fast schienen sie den Orbit anzustreben.
Einige von ihnen standen lange still
Als warteten sie auf Beschleunigung.
Das alles weckte meine Neugier.
Mein Gefühl realisierte sich noch im Zerbrechen,
Das war neu für mich und
Hoffnung kehrte heim.
Ich wusste nun, dass ich die
Frau, die mich versorgte und die sich vier
Männern teilte, gut verstand und bot ihr
Unterschlupf in meinem Herzen an.

Ich wärmte sie, und wir gefielen uns in engster
Zweisamkeit.

Ich konnte ihre Glücksgefühle, ihre
Zweifel plötzlich gut verstehen.
Doch von meinem Glasgebäude sagte ich ihr
Nichts.

Die Musik spielte ohne Unterlass,
Und endlich stimmte sie auch mich mit mir
Zufrieden.
Es verging viel Zeit bis ich das alles
Niederschrieb.
Ich gab dem Brief die Nummer achtunddreißig.
Den hielt ich vor ihr versteckt.
Als ich ihn aber eines Tages wieder lesen wollte,
War er, wie die anderen davor, verschwunden.

Namenlos von meiner Insel, 39. Brief
Hilfe oder Menschenraub

Man holte mich erneut von meiner Insel.
Diesmal waren es drei Frauen, die sich ohne
Waffen, ohne Uniform, ganz in Zivil in meine Wohnung drängten,
Aber dennoch militärisch waren.
Alle sprachen meine Sprache gut, dass ich
Vertrauen schöpfte.
Sie erklärten mir, dass sie auf meine
Hilfe angewiesen wären.
Durch mein Aussehn und durch mein
Erscheinen sei ich unauffällig und für eine gute
Sache bestens vorbereitet.
Weit entfernt, in einem Kriegsgebiet vermisste man ein
Kind mit seiner Mutter, das sei aufzufinden
Und zu retten.
Solch ein Einsatz müsste vorbereitet sein.
Die Frauen waren jeweils der Ersatz für jede andere.
So ging ich mit und nahm in ihrem Fahrzeug Platz.

Zu meiner Überraschung sollte auch die

Frau, die mich versorgte und die sich vier
Männern teilte, mit mir reisen.
Die war gar nicht überrascht:
„Das Kriegsgebiet liegt sehr weit weg,
Wir werden hingeflogen werden müssen".
Die drei Frauen hielten sich von nun an sehr
Bedeckt und sagten nur das Nötigste.

Nach langer Fahrt erreichten wir die Küste und ein
Flightship mit dem Namen „Ground Effect", ein Bodengleiter,
Der mit kurzen Flügeln, deren Enden sich nach unten senkten,
Auf dem Wasser schwamm, und stiegen ein.
Der Gleiter eilte nach dem
Start in knapper Höhe über Meer und Wellen,
Dann fast in Berührung über flaches
Land und Inseln, später wieder über
Wasser einem unbekannten Ziel entgegen.
Eine Laserschrift im Raum gab Reisewerte an:
Wir flogen nahezu mit Schallgeschwindigkeit.
Im Innern dieses Bodengleiters war viel Platz.
Die Einrichtung war äußerst komfortabel, und
Der Raum bot sehr viel Wohnlichkeit.
Ich spürte keinerlei Erschütterungen.
Gegenstände, Tassen, Gläser mit Getränken blieben
Ohne Zittern, wo sie standen.

Nach sechs Stunden sagte man die Landung an.
Die wurde von Soldaten überwacht und abgeschirmt.
Wir mussten unsren Gleiter schnell verlassen,
Und man führte uns vom
Flugplatz in ein luftiges Gebäude voller Schalter, Gates und
Tausenden von Menschen.

Die drei Frauen kannten sich hier aus und stellten sich und uns
An einen Schalter, der nur einzeln Passagiere zuließ.
Dort stand eine Frau mit einem kleinen Kind auf ihrem Arm.
Sie schien zu warten.
Plötzlich tauchte eine schwarz gekleidete Matrone auf,
Verlangte nach dem Kind und nahm es ihr wie selbstverständlich
Aus den Händen, drückte es an ihre übergroße
Brust, als wollte sie es rauben.

Für Sekunden schien der Mutter alles zu versagen,
Sie war einer Ohnmacht nahe und erblasste,
Hielt die rechte Hand auf ihren
Mund und unterdrückte einen Schrei.
Nach kurzen Augenblicken gab die Frau das Kind zurück,
Verschwand mit Tränen in den Augen unter all den Menschen.

Eine der drei Frauen klärte mich in Windeseile auf:
„Das war die Schwiegermutter, die ihr Enkelkind verliert.
Der Mann der Mutter ist schon lange ausgereist.
Man hält sie nun als Pfand mit ihrem Kind zurück.
Sie denken, dass er niemals wiederkommt.
Die beiden werden streng bewacht".

Die Frauen schoben mich nun nah genug zur Mutter.
Die schrie auf, als sie mich sah, und fiel mir um den Hals.
Sie hielt mich für den wahren Ehemann
Und konnte meine Heimkehr gar nicht fassen.
Sie war überglücklich.
Die Bewachung wurden sofort aufgehoben, als man meinen
Passport prüfte und den Namen ihres Mannes darin fand.
Man brauchte sie als
Pfand nicht mehr und gab ihr ihre Pässe wieder.
Doch die Frau, die mich versorgte, sprang nun ein
Und gab sich aus als meine Ehefrau.
Das wurde von der Mutter völlig falsch verstanden.
Sie verklagte mich vor Ort der
Bigamie und ließ sich augenblicklich von mir scheiden.
Das schien alles gegen ihren
Willen zu geschehen, doch die drei Soldatinnen verstanden ihre
Rolle, Helferinnen in der Not zu sein, sehr gut
Und führten sie mit ihrem
Kind zum Bodengleiter.

Ich und auch die Frau, die mich versorgte, wurden vor ein
Schnellgericht gestellt.
In einem Eilurteil verwies man uns als unerwünscht des Landes.
Unsren Gleiter mussten wir sofort besteigen.
Die Bewachung wurde abgezogen.
Drinnen hörten wir, dass sich die
Mutter und das Kind bereits in Sicherheit befänden.

Dann begann für uns der Rücktransport.

Dies alles aufzuschreiben, fiel mir schwer.
Die Frau, die mich versorgte, half jedoch dabei.
War es nun Hilfe oder Menschenraub, was man uns abgefordert hatte.
Sicher würden wir das nie erfahren.
Meinem Brief gab ich die Nummer neununddreißig.
Tagelang blieb er im Zimmer liegen
Bis er eines Tages, wie die anderen, nicht mehr zu finden war.
Ich forschte auch nicht nach.

Namenlos von meiner Insel, 40. Brief
> *Das sagte alles.*

Es erreichte mich ein Brief aus alter Zeit,
Der nur die Anschrift trug:
„An Namenlos auf Alpha 7, 4".
Sonst waren weder Absender noch Stempel auszumachen,
Und der Schreiber wäre mir für immer unbekannt geblieben,
Hätte ich nicht eine wohl vertraute Schrift erkannt:
Ich selbst war damals der Verfasser dieser Zeilen,
Die an mich gerichtet waren.
Damit ging ich zu der Frau, die mich versorgte
Und die sich vier Männern teilte,
Sie um ihren Rat zu fragen,
Wie und auch warum war dieser Brief zu mir gelangt?
„Hast du dir überhaupt noch einmal durchgelesen,
Was du seinerzeit an dich geschrieben hast,"
Erkundigte sie sich.
Ich war zunächst verlegen, gab dann aber meine Antwort:
„Ja",
Und las noch einmal halblaut vor:
„Wenn ich mir jemals etwas wünschen darf, dann möchte ich als
Fremder unter Fremden und in
Einsamkeit auf einer Insel wohnen.
Namenlos und unerkannt und ungenannt
Will ich dort eine nie zuvor geahnte
Freiheit kennenlernen und mein Leben leben.
Ach was gäbe ich darum, dass es geschieht".

Wir sahen uns für Augenblicke fragend an,
Dann sagte ich:
„Wie war ich damals dumm und unerfahren".
Nur verhalten stimmte sie dem zu:
„Es ist doch immer sehr gefährlich, sich herbeizusehnen
Was man gar nicht kennt,
Denn dabei wird die Rückkehr nicht bedacht,
Und sei es nur Erinnerung an das, was man verlassen hat.
Erinnerung kann leicht zur Rückkehr in dein altes
Leben führen und zur Falle werden."
Ich war sehr verwirrt und traurig.
Doch Erinnerung in mir war längst verblasst, und
Rückkehr war schon lange ausgeschlossen,
Denn in meiner Heimat glaubte man mir meine Unschuld nicht.

Die Frau, die mich versorgte, und die sich vier Männern teilte,
Holte ihre Okarina aus dem Schrank.
Sie spielte eigentlich darauf, wenn sie alleine war.
Dann konnte ich sie noch in meiner Wohnung hören.
Was sie aber spielte und der Rhythmus
Waren meistens ungewohnt für mich.
Die Okarina kannte ich trotzdem.
Sie war aus weißem, schwerem
Porzellan, verziert mit blauen Ornamenten, und sie
Wurde aufbewahrt in einer Schachtel.
Die ergriff sie nun und nahm das Instrument heraus.
Zu meiner Überraschung aber sah ich sie ein
Federleichtes, schillerndes Gerät entnehmen und an ihre
Lippen führen.
Darauf spielte sie nun Weisen, die wie süßer
Trost und Lobgesang in meine
Ohren spülten und mich wärmten.
Sie erinnerten an jene Tage, als ich
Selbst gesungen und mich voller Lebenslust auf einem
Instrument begleitet hatte.

Gerne hätte ich gewusst, woher die
Frau die Lieder kannte und sie so gut spielen konnte.
Ihre Finger schlossen oder öffneten in
Leichtigkeit und Schnelligkeit die Löcher ihrer Okarina,
Und ich schaute auf den Mund der Frau, der Töne

Hauch um Hauch entstehen
Und der Ton um Ton mit ihrem Leib verschmelzen ließ.
Sie wurde selbst das
Schillernde und Bunte Ihrer Melodien, in
Gelb und Scharlachrot, Perlmutt und Ocker,
Karmesin und Grün, die trugen sie in Schwerelosigkeit,
Und sie, ihr Instrument und ihre Lieder, wurden eins.
Vor meinen Augen wurde alles, einem
Album aus der Tierwelt gleich, zu leuchtender
Unwirklichkeit.

Es reizte mich, was meine
Augen sahen, mit den Händen zu berühren.
Ich stand auf.
Nur mit der Spitze meines
Zeigefingers wollte ich etwas an ihr ertasten.
Dabei schien sie mich nicht wahrzunehmen,
Und bevor ich sie erreichte,
Löste sich die Okarina dicht an ihren Lippen auf in
Abertausend kleinste Mosaiken,
Und ihr Kopf, ihr ganzer Körper
Barst fast in Bewegungslosigkeit zuerst in eine
Farbenwolke, dann zu Staub
Und schließlich formte sich daraus ein Regenbogennebel,
Der im Raum verschwand.
In gleicher Langsamkeit verklangen auch die Weisen.
Plötzlich fand ich mich allein und in der größten Stille.
Auf dem Tisch erkannte ich nur noch die leere Schachtel.

Wie im Abschied ging ich heim in meine Wohnung,
Auch vielleicht, um sie zu suchen.
Doch beinahe wagte ich den Augen nicht zu glauben,
Als ich sie dort unbeteiligt auf mich warten sah.
Ich wollte sie befragen, aber sie trat nah an mich
Und legte mir den Zeigefinger auf den Mund.
Das sagte alles.
So schwieg ich und schrieb mir das Erlebte wieder auf.
Dem Brief gab ich die Nummer vierzig,
Und ich wunderte mich nicht, dass er nach ein paar
Tagen nicht mehr aufzufinden war.

Namenlos von meiner Insel, 41. Brief
Die Sehnsucht schläft, die Sehnsucht wacht

Ich weiß nicht wie ich es erzählen,
Und wo ich beginnen soll, vielleicht fang ich am Ende an,
Weil es der Anfang ist.

Es klopfte eine Frau an meine Tür
Mit einem Kind im Arm.
Das Kind war noch sehr klein und konnte kaum die
Augen offen halten.
Seine Mutter sah sehr liebevoll auf es herab,
Als wollte sie auch meine Augen darauf lenken.
Wenig später aber schaute sie mich an,
Und ich war sicher sie zu kennen,
Mehr als jeden andren Menschen auf der Welt,
Doch konnte ich mich nicht erinnern.
Sie hingegen hatte das vielleicht erwartet,
Denn sie half mir, als sie sagte:
„Darf ich nicht mehr zu dir kommen?
Bittest du mich nicht herein?
Du tust, als sähst du mich das erste Mal",
Und trat in meine Wohnung.
Dort nahm sie gezielt aus einem
Schrank ein Bündel Wäsche, Windeln,
Höschen, Jäckchen und begann ihr
Kind zu wickeln.
Zu mir sagte sie:
„Mach bitte schon das Fläschchen für den Kleinen.
Ach, wir haben dich die ganze Zeit vermisst,
Und du hast sicher schon vergessen, wo du
Alles findest, oder?"

Ich stand regungslos an meinem
Platz und ließ sie wirken.
Sie war flink, fand alles was sie brauchte und gab ihrem
Baby erst die Brust und dann ein wenig von dem Fläschchen,
Das sie dann, mit ihrem Kind im Arm, beiseite stellte.
Von den Gegenständen, die sie in die Hände nahm,
War mir in all den Jahren, die ich in Verbannung lebte,
Nie ein einziger begegnet.

Sie war stolz auf ihren Kleinen und bat mich ihn auf den
Arm zu nehmen.
Das war angenehm, ich tat es gerne.
Vorsichtig versuchte ich herauszufinden, wer sie war
Und fand die rechten Worte nicht:
„Woher, ich meine..‟
Sie sah erst zurück auf ihren
Kleinen, dann auf mich und sagte:
„Er ist dir so ähnlich, wie aus dem
Gesicht geschnitten.
Denkst du manchmal noch an früher‟?

Ich war irritiert, weil ich nicht wusste,
Was sie meinte, und ich sagte:
„Haben wir uns sehr geliebt, ist dies dein
Sohn, bin ich der Vater deines Kindes‟?

Darauf lachte sie und warf den Kopf zurück.
Sie hatte glattes, dunkelbraunes Haar, das sie als
Knoten trug, den hielt ein dünnes, schwarzes Netz zusammen.
Von den schmalen Schultern fiel ein buntes
Trachtenkleid bis über ihre Knie.
Das hatte einen weißen,
Filigranen Ausschnitt, der dezent den
Ansatz ihrer Brust umschloss.
Wenn sie mich ansah, hatte sie in ihren
Augen Mütterliches, Frauliches und Liebes,
Das sie mir zutiefst sympathisch machte.

„Nein, mein Lieber, du erkennst mich wirklich nicht.
Ich habe einen Kinderwagen vor der Tür
Und gehe mit dem Kleinen meinen
Weg, den ich gekommen bin‟.

Sie legte ihren Kleinen voller Umsicht in den Wagen
Und ging los.
Sie sagte nicht wohin.
Ich sah ihr nach, bis sie zum Punkt verschmolz.
Sie schaute sich nicht um.
Dann ging ich in mein Haus und wartete
Und dachte nach.

Die Frau kam aber nicht zurück.

Da ging ich schließlich zu der
Frau, die mich versorgte und die sich
Vier Männern teilte, und erzählte ihr von dem Besuch.
Die kam mit mir und fand in meinen
Schränken nichts von dem, was ich ihr
Aufgezählt und gestenreich beschrieben hatte.
Selbst die Babyflasche war nun fort.
Die Frau, die mich versorgte, fragte:
„Kann es sein, dass deine Mutter dich besuchen kam"?
Ich war empört:
„Die ist schon lange tot. Was meinst du denn damit".
„Vielleicht kam deine Mutter dich mit dir
Besuchen, denn wer kennt schon seine eigne
Sehnsucht so genau".
Dabei ließ sie die Träger ihres Kleides von den
Schultern gleiten, und ich sah, dass sie darunter
Gar nichts trug.
Sie kam ganz nah zu mir:
„Die Sehnsucht schläft, die Sehnsucht wacht,
Sie kommt und geht,
Sie weint und lacht",
Und ihre Hände kletterten mit spitzen Fingern über meine
Brust und Schultern bis zum Hals
Und zogen mich zu ihr herab.

An diesem Abend saß ich lange wach und
Schrieb mir alles wieder auf.
Dem Brief gab ich die Nummer einundvierzig.
Der lag tagelang bei mir, bis er fast unbemerkt
Von einer Unbekannten mitgenommen wurde.

Namenlos von meiner Insel, 42. Brief
Meine Beine liefen mir vorweg

Am Strand der Insel lag ein Boot.
Es war aus Aluminium und vorbereitet wie für eine Überfahrt.
Ich sah mich um.
Es war kein Mensch zu sehen.
Ja, es stimmt, ich hatte oft an Flucht gedacht, doch immer nur mit
Halbem Herzen, denn die
Frau, die mich versorgte und die sich vier
Männern teilte, ließe ich zurück.
Ich liebte sie und wollte beides, sie und auch mein
Glück versuchen.

Ziemlich weit entfernt lag eine
Nachbarinsel, die ich gut erkennen konnte, die war zu erreichen.
An dem Boot entdeckte ich den Außenmotor,
Doch ich wagte nicht ihn anzuwerfen sondern nahm die
Ruderblätter, das war leise.
Die Gelegenheit schien günstig, alles war wie vorbereitet.
Ich kam schnell voran,
Doch fast schon auf der Gegenseite, schien man meine
Ankunft zu erwarten.
Eine Handvoll Frauen, die in edlen, langen, gleichermaßen blauen
Kleidern barfuß gingen,
Rafften ihre Röcke, um mein Boot ganz nah ans
Ufer und dann auf den Strand zu ziehen.
Sie begrüßten mich mit fremden
Worten, aber ich verstand sogleich, dass sie mich sehr
Willkommen hießen.
In den Armen hielt ich noch ein Kleiderbündel, das schien mir
Verräterisch, und ich versteckte es im Boot.

Es war hier alles eigenartig leicht und transparent.
Die Kleider täuschten Fetzen eines
Himmels vor, der nach Ergänzung strebte, um als
Ganzes zu erblühen.
Ein paar Männer, strahlend weiß gekleidet, hüllten sie als
Wolken ein und blieben unauffällig stets in ihrer Nähe.
Man bewirtete mich überschwänglich,
Und es ging mir gut, denn ich nahm an, dass man mir helfen wollte.

Es verging nur wenig Zeit, dann kamen einige der
Frauen auf mich zu und führten mich in einen
Pinienwald und zeigten dort auf einen Weg.
Den sollte ich nun gehen.
Es erreichte mich von dort ein angenehmer, warmer
Duft nach Harz, Lavendel und nach Pilzen.
Jetzt erlaubte ich mir neu an Flucht zu denken,
Und ich blickte vorsichtig zurück,
Doch meine Beine liefen mir vorweg.
Die Menschen waren klein geworden,
Und von hier aus schienen sie mir ein umwölkter
Traum aus meiner Kinderzeit zu sein,
Es traf nun Herz auf Seele.

Nach nur kurzem Weg begegnete ich einer neuen
Gruppe scheinbar in sich selbst vertiefter Menschen, deren
Frauen sich in langen Kleidern wie aus Silber zeigten.
Die Gewänder leuchteten als
Mondschein in der Finsternis des Waldes.
Dieser Anblick rührte mich im Innersten,
Als wäre er ein Teil von mir.
Die Frauen gingen lichtergleich durch sich und mich hindurch,
Und zwei von ihnen wurden Eins und
Eines teilte sich in zwei.
Ich konnte sie und ihre Kleider spüren und das
Knistern ihrer Stoffe hören.
Ich befand mich mitten unter ihnen und in einem
Märchenwald.
Die Männer waren schwarz gekleidet und verschwanden
Fast in Dunkelheit.
Ich hatte viel Vertrauen und verspürte keine
Angst.

Ich dachte an das Boot.
Es lag wohl zu weit hinter mir.
Die ganz Gruppe wiegte sich in stillem
Tanz und schließlich war ich in der Mitte.
Jemand reichte ein Getränk herum.
Ich trank davon und atmete in
Seligkeit, dass ich nun auch das Tanzen wagte.

Einige der Männer kamen auf mich zu und lenkten meine
Schritte fort von allen anderen bis an die neue Küste.
Dort entdeckte ich ein Boot wie meines.
Darin sah ich gleich mein Kleiderbündel und noch reichlich
Speisen und auch Trinken.
Ich stieg ein und wortlos stieß man mich vom Ufer ab.

Es war noch immer Nacht.
Die Strömung nahm mich mit.
Ich fürchtete die Last des Motors und versenkte ihn.
Ein Ruder brauchte ich zum Steuern.

Gegen Morgen, rammte mich ein kleines
Frachtschiff, dass ich in Gefahr geriet,
Doch wurde ich gerettet und an Bord geholt.
Man fragte nicht woher ich kam und
Nicht nach meinem Namen.
Ich erfuhr jedoch das Ziel der Reise.
Es war eine Hafenstadt im letzten
Zipfel meiner wahren Heimat.
Dort ließ man mich gehen, und ich wurde schließlich
Aufgenommen als ein Findelmensch wie viele andere, um die sich eine
Freundliche Gemeinschaft kümmerte.
Das war für mich besonders eine Frau, die sich vier
Männern teilte und mich fragte, ob sie mich versorgen dürfte.
In der Hand hielt sie ein
Bündel Briefe, die erkannte ich an meiner Handschrift:
„Die hab ich von dir erhalten", sagte sie,
„Und aufbewahrt".

Als wir alleine waren, nahm ich sie in meine Arme
Und gestand ihr meine lange Liebe.

Weitere Veröffentlichungen von Harald Birgfeld im Verlag:
Books on Demand GmbH, 22848 Norderstedt

Lyrik:

..and I said to myself, what a wonderful world,
   36 Gedichte mit fantastischen Inhalten, 44 S.

Auf deiner Reise zum Rande im Rande des Randes der Sonne
   187 Gedichte: Im Innern der Sprache werden Kräfte freigesetzt. 184 S.

Feuer, das zur Speise wird, *114 Gedichte aus meiner digitalen Welt, 68 S.*

Für dich..., *43 Liebesgedichte und 15 Augen-Blicke, 32 S.*

Honigweißer Duft, *14 fantastische Gedichte,*
   32 S. dabei 14 farbige Seiten.

Mund aus Glas am Rand aus Fleisch, *114 Gedichte,*
   Schwarze Liebeslyrik, 120 S.

Sofortige Lähmung, *112 Gedichte aus dem Innersten, 72 S.*

Unter einem Mikroskop, *36 Gedichte für eine parallele Welt, 28 S.*

Von Haut zu Haut, *132 Gedichte: Was macht meine Liebe an dir und an*
   mir mit mir und mit dir? Liebeslyrik. 48 S.

Wir gerieten in den Gürtel der Meteoriten, *10.000 Aufschläge,*
   Band 14: Aufschläge 6502 - 6999
   ca. 500 Strophen aus einem Zyklus von 10.000 Strophen als
   Lyrik. 224 Seiten

Wo die schwarzen Blätter wachsen, *129 erotische Gedichte? 76 S.*

Prosa:

Die Tätowierungen der jungen Tanja W. : *„Die Tätowierungen der*
   jungen Tanja W." handelt von der Selbstsuche und Selbstfindung
   einer jungen Frau, 132 S. Format A5

Fünf Veröffentlichungen/Five Publications (deutsch/englisch),
   32 S. Format A5 (1 Band)
   Theorie und Utopie der eigenen Zeit,
   Theorie und Utopie der anderen Zeit.
   Die Zeit der Gleichungen ist vorbei
   Societ lyrics, was ist das?
   Folienbilder-Entstehung

Kleine Fibel Arbeitsschutz *(für die praktische Arbeit) an:*
   „Hochschulen", „Kindergärten", „Schulen" (3 Bände)